U0092643

心一堂彭措佛緣叢書・索達吉堪布仁波切譯著文集

解義慧劍釋

全知麥彭仁波切　原著
堪布索達吉仁波切　講解

Śūnyatā

書名：解義慧劍釋
系列：心一堂彭措佛緣叢書・索達吉堪布仁波切譯著文集
原著：全知麥彭仁波切
講解：索達吉堪布仁波切
責任編輯：陳劍聰

出版：心一堂有限公司
地址/門市：香港九龍尖沙咀東麼地道六十三號好時中心LG六十一室
電話號碼：+852-6715-0840　+852-3466-1112
網址：www.sunyata.cc　publish.sunyata.cc
電郵：sunyatabook@gmail.com
心一堂 彭措佛緣叢書論壇：　http://bbs.sunyata.cc
心一堂 彭措佛緣閣：　　　　http://buddhism.sunyata.cc
網上書店：　　　　　　　　http://book.sunyata.cc

香港及海外發行：香港聯合書刊物流有限公司
地址：香港新界大埔汀麗路三十六號中華商務印刷大廈三樓
電話號碼：+852-2150-2100
傳真號碼：+852-2407-3062
電郵：info@suplogistics.com.hk

台灣發行：秀威資訊科技股份有限公司
地址：台灣台北市內湖區瑞光路七十六巷六十五號一樓
電話號碼：+886-2-2796-3638
傳真號碼：+886-2-2796-1377
網絡書店：www.bodbooks.com.tw
台灣讀者服務中心：國家書店
地址：台灣台北市中山區松江路二〇九號一樓
電話號碼：+886-2-2518-0207
傳真號碼：+886-2-2518-0778
網絡網址：http://www.govbooks.com.tw/

中國大陸發行・零售：心一堂・彭措佛緣閣
深圳地址：中國深圳羅湖立新路六號東門博雅負一層零零八號
電話號碼：+86-755-8222-4934
北京流通處：中國北京東城區雍和宮大街四十號
心一店淘寶網：http://sunyatacc.taobao.com/

版次：二零一五年九月初版，平裝

定價：　港幣　　　一百二十八元正
　　　　新台幣　　四百九十八元正

國際書號 ISBN 978-988-8316-46-5

版權所有 翻印必究

目錄

解義慧劍釋

目
録

解義慧劍釋

全知麥彭仁波切　著

索達吉堪布　譯講

頂禮本師釋迦牟尼佛！

頂禮文殊智慧勇識！

頂禮傳承大恩上師！

> 無上甚深微妙法　百千萬劫難遭遇
> 我今見聞得受持　願解如來真實義

為度化一切眾生，請大家發無上殊勝的菩提心！

第一課

從今天開始，給大家簡單輔導一下《解義慧劍》。

在麥彭仁波切的著作中，《解義慧劍》是非常重要的一部論典，因為本論以正理的方式宣說了二諦的真相。在學習《定解寶燈論》和《中觀莊嚴論》等論典時，相信大家已深深了知觀察世俗量和觀察勝義量的重要性。如果我們懂得了這二量，對中觀、因明、唯識等道理就會通達無礙。所以，這部論典雖然文字不是很多，但裡面的內容卻非常殊勝。這次我是在講《量理寶藏論》的同時附帶宣講，以此方式把佛法甘露奉獻給大家。

解義慧劍釋

早在十多年前，我就很想給大家傳講本論，因為該論宣講了通達顯密一切佛法的竅訣。尤其是，如果通過本論所宣說的二種理或四種理來抉擇，那在自相續中一定能生起對佛法的正信。現在很多人缺少正知正見，以理引生的定解極其難得，所以傳講本論非常有必要。雖然自己很早以前就有這樣的想法，但因緣一直不成熟，這次依靠個別道友的勸請，大家才有共同學習這部論典的殊勝機緣。

　　此處講解通過思維的途徑通曉意義要點的論典《解義慧劍論》分三：一、能說之名；二、所說之論；三、圓滿末義。

　　甲一、能說之名：

　　首先講題目：解義慧劍

　　「解」是了解、通達；「義」，通常指詞句和意義當中的意義，此處則指顯密佛法如意寶；「慧」指正理；「劍」指寶劍。「解義慧劍」則指通達佛法的理證智慧就像寶劍一樣。這是以比喻和所詮相結合來立名的。

　　即使密林遍布，寶劍也能將其無餘劈斬，同理，擁有這樣的智慧，就能對本師釋迦牟尼佛所宣講的一切顯密佛法瞭如指掌，在勝義諦和世俗諦方面再也不會有任何困難。現在世間很多眾生非常可憐，他們深深陷入無

第一課

明煩惱之網，但能斬斷此網的，唯有此如寶劍之智慧。如果沒有這柄智慧寶劍，眾生將始終沉陷在牢獄中無法自拔；如果相續中生起如是二量之智慧，就可輕而易舉斷除一切邪知邪念。從題目可知，依靠本論，一定會在相續中生起最殊勝的定解。

在麥彭仁波切的著作中，除《解義慧劍》之外，還有「五種寶劍」和「五種蓮花」，這些都是非常殊勝的教言。去年我把麥彭仁波切這些藏文教言專門做成一本書，供養過學院中的每一位藏族道友。前段時間我到青海、甘肅那邊去放生時，也隨身帶了麥彭仁波切這些教言。雖然想把其他五種寶劍和五種蓮花都翻譯出來，但現在時間不允許，以後有時間再說。總之，本論中有非常殊勝的竅訣，在末法時代用這些竅訣來調伏自相續非常有必要。

這次《解義慧劍》的傳講，可能講得比較簡單，以前我也翻譯過《解義慧劍論釋》，希望大家參照學習。該釋作者是麥彭仁波切的親傳弟子，也是非常了不起的大德，暢遊其中，大家一定能品嘗得到字裡行間所流露出來的本論精華要義，以及作者的真實意旨所在。

甲二（所說之論）分三：一、初善造論分支；二、中善所造之義；三、末善結尾之義。

乙一（初善造論分支）分二：一、禮讚句；二、立

誓句。

丙一、禮讚句：

> 宗正盡斷過，三義無懷疑，
>
> 妙慧智寶藏，文殊尊前禮。

對於依靠教理詳加分析達到極點的意義，以更無高超的定解作為安立的界限來相應安立，就是所謂的宗派。宗派有正確的宗派和不正確的宗派兩種，不正確的宗派，指的是外道，所有外道見解歸納起來就是常見和斷見；正確的宗派就是佛教，它分大小乘，當然佛教中最殊勝的宗派是大乘。佛教之所以是正確的宗派，是因為佛陀所宣說的一切教法，是以宗法、同品遍、異品遍三相或三義，斷除了一切懷疑的無垢清淨正法。而三量慧藏的源泉，就是諸佛菩薩智慧總集的文殊菩薩，故作者在文殊菩薩面前恭敬作禮。

當然，這也間接說明，學習這部論典的人，會獲得文殊菩薩的親自攝受與加持。同時也說明，在以後的修學過程當中，大家一定要通過三義的途徑來對佛法遣除懷疑，產生定解。這就是頂禮句的大致意思。

另外，頂禮有證悟見解的方式頂禮和三門恭敬的方式頂禮等不同解釋方法，這要按其他論典所說那樣來理解。

丙二、立誓句：

深廣難通曉，佛教之甘露，

何者欲品嘗，賜彼智慧光。

　　所謂深，指的是遠離一切戲論的甚深空性；所謂廣，指的是五道十地、六度萬行為主的廣大世俗法。《入中論》亦云：「甚深謂性空，餘德即廣大，了知深廣理，當得此功德。」其實，這樣的深廣法就是佛教的甘露，如果我們通達了這兩種法，那就有獲得一切佛法功德的殊勝機緣。任何一位前世積累資糧且有殊勝因緣的人，若想品嘗佛教的深廣甘露，就必須獲得諸佛菩薩的加持，在這裡，作者祈求文殊菩薩為主的諸佛菩薩和高僧大德賜予後學智慧光芒，以讓眾生相續中真正生起通達深廣二法的殊勝智慧。如果這種智慧光芒真正融入我們的心，這就是所有獲得中最大的獲得。概而言之，深廣二法極為難得，也極難通達，它就是釋迦牟尼佛的真正教法甘露，誰想品嘗這種甘露，作者就賜給他智慧光芒——《解義慧劍》。

　　有人經常講：「上師，您給我加持加持，讓我打開智慧！」真的想開智慧，那就要好好學習本論，學習本論之後，你的智慧自然而然就會開啟。如果沒有學習，整天都是求加持，那也不一定能在很快的時間當中立竿見影。因此，大家一定要學習這樣的論典，這是非常有利益的事情。

解義慧劍釋

乙二（中善所造之義）分三：一、宣說所量之二諦；二、宣說能量之二理；三、宣說如此衡量之果。

丙一、宣說所量之二諦：

二諦指世俗諦與勝義諦，頌詞是這樣講的：

> 諸佛所說法，真實依二諦，
>
> 世間世俗諦，超凡勝義諦。

我等大師釋迦牟尼佛相應不同眾生的根基宣說了無量法門，這無量法門全部包括在世俗諦和勝義諦中。《中論》云：「諸佛依二諦，為眾生說法。一以世俗諦，

二第一義諦。」《涅槃經》也有世間分二的說法，一個是勝義諦，一個是世俗諦。可見，一切萬法都包括在二諦中。

所謂世俗諦，就是成為世間名言之心的一切對境；所謂勝義諦，就是出世間正智的對境。就像《入中論》所講的那樣，所謂勝義諦和世俗諦，實際上就是一切諸法的真和妄，是從真假方面來安立的。世間當中很多人都不懂二諦，也自然不懂一切諸法的實相和現相。其實，通達勝義諦也就通達了實相，通達世俗諦也就通達了現相。而且，在任何一個法上，實相和現相都具足。當然，二諦的具體安立和分析，在這裡沒有必要廣說，因為大家都學過相關論典。

第一課

丙二（宣說能量之二理）分二：一、略說二理；二、以四理廣說。

丁一、略說二理：

　　　　二諦之自性，無謬解慧入，

　　　　修成淨二量，勝妙之慧目。

　　既然勝義諦和世俗諦包括一切萬法，大家就一定要通達二諦的真理；如果沒有通達，那與盲人沒有什麼差別。現在有些學習佛法的人對二諦一點都不懂，這是非常不好的事情。那怎樣才能趣入二諦的自性呢？唯有依靠無謬定解的智慧才能深入領會，如此自相續定能修成無有錯亂之過垢所染的觀察世俗量與觀察勝義量。如果這樣的智慧逐漸修成，那麼我們就具足了勝妙的慧目。

　　當然，要完全通達二諦最好學習《中觀莊嚴論》。靜命論師云：「乘二理妙車，緊握理轡索，彼等名符實，大乘之行者。」意思是說，如果我們乘坐抉擇二諦的觀察世俗量和觀察勝義量的妙車，緊緊握著二量的理證轡索，就可以稱為名副其實的大乘行人。為什麼這樣講呢？因為真正的大乘修行人必須要明白勝義諦和世俗諦的道理，如果沒有通達二諦的真理，僅僅口頭上說「我是大乘修行人」，那也沒有多大的意義。

　　關於二量的重要性，麥彭仁波切在《定解寶燈論》中也說：希有的月稱論師和法稱論師，他們的善說就像日月一樣，其璀璨光芒同現於佛教廣闊的虛空中，將

整個世間對深廣之義疑惑不解的重重黑暗全部遣除。在《中觀莊嚴論釋》中，麥彭仁波切還這樣講：要想像彩虹般互不混雜地了解名言萬法，就一定要依靠法稱論師的教言；要想了解如虛空般遠離一切戲論的勝義空性，就要依靠月稱論師的教言。可見，只有依靠二種正量，才能真正生起通達世俗諦和勝義諦的智慧。當然，要生起勝義智慧必須依靠世俗智慧，因為唯有依靠世俗諦，才能證悟勝義諦。

對於大乘佛子，大家一定要好好學習因明和中觀，因為僅僅講一點因果道理或佛教的公案，也解決不了所有問題。另外，人的智慧層次不相同，也有必要通過不同途徑來學習。所以，我在講《入菩薩行論》、《大圓滿前行》等簡單法門的同時，也宣講一些比較深的法。通過學習這樣殊勝的論典，相續中就能生起真正穩固的定解。

丁二（以四理廣說）分三：一、能量四理；二、宣說彼之作用四法依；三、宣說八辯才之果。

戊一（能量四理）分二：一、說前三理；二、說證成理。

己一（說前三理）分三：一、總說緣起顯現；二、別說彼之因果體三理；三、隨同三理而攝義。

庚一、總說緣起顯現：

顯現此等法，皆依緣起生，

無所觀待法，不現如空蓮。

在眾生面前顯現的裡裡外外、形形色色的法，全都依靠緣起而生，如果沒有一個觀待之法，那麼這些法絕對不可能顯現，就像虛空中的蓮花一樣。

大家都應該知道，外器世間的法全都依靠緣起而生，如種子、苗芽、開花結果等，它們無不依靠各自的因緣而產生；同樣，內有情世間從無明、行、識一直到老死之間的整個輪迴流轉，也全都依靠因緣而產生。可惜的是，世間很多人只知道物質世界的外在緣起法則，並不知道眾生無始以來沉溺在輪迴中的內在十二緣起。而絕大多數學校的教學課本，也只研究外面的物質，很少去研究內在的心識，即使研究也僅限於一隅，對過去、現在、未來很多心態，以及輪迴的源頭等方面根本沒有涉及，可以說是空白一片，真是非常可憐。

名言中一切法全部是緣起而生，但真正用勝義理論來觀察，絕對不會有任何產生。龍猛菩薩在《中論》中也說：「諸法不自生，亦不從他生，不共不無因，是故知無生。」因為一切諸法沒有自生、他生、共生和無因生，所以全都是無生。仁達瓦等論師解釋這個頌詞的時候說：「是故知無生」中的無生，指的是承許緣起生。仁達瓦尊者還說這是第五生，也就是說緣起生在名言中是存在的。龍猛菩薩在《中論》中說：「未曾有一法，

解義慧劍釋

不從因緣生。是故一切法，無不是空者。」意思是說，一切萬法全都是因緣而生，也全是空性。關於緣起生，龍猛菩薩在《中觀寶鬘論》中講得比較清楚，比如依靠什麼樣的因、依靠什麼樣的緣……總的來講，我們要了達萬事萬物在因緣具足時一定會產生，但這樣的產生無有實質。當然，口頭上大家都會說，但真正要對中觀的法理生起定解卻非常困難。

庚二（別說彼之因果體三理）分二：一、宣說作用理與觀待理；二、宣說法爾理。

辛一（宣說作用理與觀待理）分二：一、真實宣說；二、彼之必要。

壬一、真實宣說：

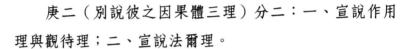

　　　　因緣齊全故，起生果作用，

　　　　諸具果性法，皆待各自因。

我們經常講四種理，這在《中觀莊嚴論》和榮索班智達的《入大乘論》等論典中，都有竅訣性的說明。但在這裡，理論研究性的說明講得比較清楚。

先講作用理與觀待理，這兩個理很關鍵、也很重要。

首先是作用理。意思是，只要因緣齊全，果一定會產生，因為如是之因必定具有如是作用的緣故。世間任何法，只要因緣具足，果就不可能不產生，所以只要我

們通達了作用理，就絕對不敢造惡業。

有些人問：「為什麼我今天殺生，將來就要墮入地獄？」其實原因很簡單：如果青稞種子、肥料、土壤等因緣全部都具足，那到了春天的時候，果會不會產生呢？肯定會。《釋量論》也說：「無不齊全因，何故果消失。」全部因緣沒有一個不齊全，那它的果怎麼會消失呢？同樣，壞人今天殺生，明天誹謗三寶、破壞戒律……那將來肯定要墮入地獄。當然，如果他好好懺悔，這些形成痛苦的因及其作用在未受痛苦之前就會被摧毀無餘，就不會產生痛苦的果。比如說，在青稞種等因緣全部具足的情況下，種子拿出來燒焦後再放回原位，就不可能產生果。因此，以前造的惡業如果沒有及時懺悔，因緣具足的時候痛苦就一定會出現在我們身上；如果用金剛薩埵等修法，把原來的惡業種子全部已經鏟除，那就不會成熟苦果。所以，現在很多人就是因為不懂作用理，才一直不斷地造無窮惡業。

其次是觀待理。意思是，所有具備果自性的法，決定都觀待各自之因。比如說，現在有些人非常貧窮、極為痛苦，智慧也極其愚鈍，那如是之果是否有原因呢？決定觀待因緣，觀待他們今世、前世以及前世的前世所造的一切惡業。又比如，我天天都生病，這是果，那它肯定有因，所以從不怨天尤人，也不指望吃個藥馬上就好了。我經常這樣想：這肯定是前世殺生的原因導致

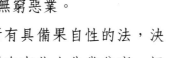

的，不知道前世殺害了多少眾生，該病！該痛苦！特別恨自己前世造這樣的惡業。所以果必定觀待它的因。

　　麥彭仁波切所講的這些道理非常殊勝，大家要經常這樣想：只要做好事，如布施、聞思修行等，那決定有快樂的果，所以要精進行持善法；而現在所受的痛苦，也是由前面的惡因導致的，所以唯一應好好懺悔。

　　以上已經講了兩種理，觀待理是從果的角度來講的，作用理是從因的角度來講的。

第一課

第二課

前面因果體三理中，作用理和觀待理的定義已經講完了，大家都清楚，作用理是依靠因的作用產生果，觀待理是任何一個果都依靠或觀待它的因而產生。這兩個道理非常重要，今天繼續講「彼之必要」，也就是說，要明白這樣的理在世間中有什麼樣的作用和意義。

壬二、彼之必要：

> 故知因與果，處及非處理，
> 行止諸作為，宗派工巧等，
> 皆源彼根本，是故彼者攝，
> 世間之學問，出世之學處。

這兩頌宣說了作用理和觀待理的重要意義。大家都知道，世間萬事萬物有處和非處兩種關係：所謂「處」，就是如是因定能產生如是果、如是果定觀待如是因，比如布施、持戒等善因會產生財富、善趣等樂果，多病、夫妻不和等苦果皆因以前殺害眾生、邪淫等惡業所致，這些是容有的、合理的，叫做「處」。所謂「非處」，即指善業產生苦果、惡業產生安樂，安樂之因是惡業、痛苦之因是善業等是非黑白顛倒的情況。用比喻來說明，稻的種子產生稻的果、青稞的種子產生青稞的果，這是合理的，叫「處」；麥子或稻子觀待青

稞的種子產生，就不容有，是不可能的現象，叫「非處」。

如果人們深深認識到因果之間處和非處的關係，那就會明白哪些是該做的、哪些是不該做的。農民認為，春天在這個地方種莊稼，秋天就一定會獲得收成，所以他願意播種。工人認為，這裡做工能賺錢，那裡做工不能賺錢，於是他就選擇在這裡做工；如果他認為不但賺不到錢反而有生命危險，那他就絕對不會做。遺憾的是，雖然本師釋迦牟尼佛宣講了善惡果報如影隨形的道理，但世人卻因愚癡蒙蔽而根本不知取捨，從而感受難忍的苦果，所以大家務必先要了知善惡之間處與非處的關係。

《中觀莊嚴論》云：「未觀察似喜，依自前前因，如是而出生，後後之果也。」在解釋這個頌詞的時候，麥彭仁波切講了四種理，即本論著重宣講的作用理、觀待理、法爾理與證成理。作用理和觀待理是從因和果方面來安立的，法爾理是從一切諸法的本體的角度安立的，證成理是說這樣的道理要依靠現量和比量來證成（明顯的部分依靠現量證成，隱蔽的部分依靠比量證成），其實現量和比量歸根結底還是包括在法爾理當中，不僅如此，一切理的落腳點就是法爾理。只要歸入法爾理中，就無需再建立其他的合理性，就像火為熱性的理由無可言說一樣。

第二課

14

要想通達這樣的道理，就必須好好聞思，明白這四種理對我們修學來講非常重要。大家在學院聞思了這麼多年，所以對最根本、最要義的問題一定要通達。這樣之後我們就會明白，本師釋迦牟尼佛所宣說的佛法，的的確確有不共特點，這是世間任何一位學者或智者都沒辦法挖掘出來的真理。因此大家在聞思的過程中，對最根本的問題一定要掌握。

解義慧劍釋

記得這四種理在榮索班智達的《入大乘論》中這樣講過：觀待因、果、本體、正理，分別宣說了作用理、觀待理、法爾理和證成理。為什麼要這樣講呢？因為眾生相續當中對因、果、本體以及正理有懷疑，為了斷除這四種懷疑就宣說了四種理。比如，我們對火的本體是不是熱的、柱子的本體是不是無常的有懷疑，於是就宣說了法爾理；如果我們對造善業會不會產生安樂果方面有懷疑，那就需要宣說作用理；如果我們對眾生的痛苦、快樂到底是不是由惡業和善業所感召的有懷疑，就需要宣說觀待理；如果認為這樣的因果道理還需要真正的正理來說明，也就是說在邏輯方面產生懷疑，那就需要宣說證成理。

我學《入大乘論》已經十七八年了，當時上師如意寶宣講這四種理的時候，我對佛教的正理初步有了深刻的認識，到現在為止也一直難以忘懷。因為任何一件事情，如果對它很有興趣、也很有收穫，那無論過了多少

年也不會忘記。昨天我遇到一位二十多年前的同學，他對當時一位同學特殊形狀的牛皮糌粑口袋，依然記憶猶新。我問了很多同學，他們都說：「知道、知道，他的口袋就是這樣的。」可能因為當時生活比較艱苦的原因吧，二十多年後每一位同學都還記得那希有的食物來源，誰也忘不了。當然我是在說，我對《入大乘論》所宣說的四種道理很有興趣、也很有信心。

前年講《中觀莊嚴論》的時候我也說過，這四種理對我們有很大的意義，尤其是在現在各種思想錯綜複雜的時代，遇到了真正的正理，對我們一生乃至生生世世都有非常大的利益，至少也能在阿賴耶上種下非常殊勝的種子。如果大家真正通達麥彭仁波切所說的這些道理，對本師釋迦牟尼佛就一定會生起真正的信心。這種信心並不是依靠暫時的因緣或暫時的感動而產生，應該說是發自內心深處、遇到什麼樣的違緣也不會被摧毀的正信。這就是一切修行人都需要達到的境界。

這裡已經講了，因果之間的處和非處分別是容有和不容有。知道這一點之後，我們就會知道世間的醫學、工巧學還有宗派等皆源於此。比如，一位精通世間工巧學的木匠，他知道通過手藝這樣做會有效果或能賺錢，他就會這樣去做；如果沒有效果或不能賺錢，他就不會這樣做。世間的醫學也是如此，如果病人通過開刀會康復，那他願意付出代價；如果覺得醫生的醫術不高或開

刀不會有利益，他就不會選擇開刀。不僅是工巧學和醫學，世間任何一種知識，都是依靠處和非處來安立的。拿宗派來說，如果大家都能知道釋迦牟尼佛的宗派不僅對今生有利，而且對來世乃至生生世世都有利益，那都願意去學；如果大家都能知道學習外道對自己和他人並沒有實在意義，那誰也不願意去學。

因此，我們可以這樣說，作用理和觀待理完全涵攝世出世間一切學問，因為包羅萬象、各種各樣的知識，以「因果」二字皆可統攝。在世間，任何一位理論家都會這樣，如果研究這個項目會有成果，那他會繼續深入；如果覺得沒有成果，就不會繼續研究下去。以戒定慧三學為主的出世間佛法也是如此，如果按照佛陀教言一心安住可得成就，那我願意坐禪、願意修學智慧……如果這些都沒有效果，那不會再這樣下去。所以，真正想搞懂世出世間處和非處的道友，務必要搞明白前面兩種理。

佛陀在有關教言中也說，善因中不會產生不悅意的果，惡因中不會產生悅意的果。善業產生苦果、惡業產生樂果，這是非處，是不合理的；善業產生快樂、惡業產生痛苦，這是處，是合理的。然而，世間個別邪見比較重的人總是懷疑：「為什麼今天我殺生，將來就要受報應──短命？這不合理。」當然，如果你對青稞種子產生青稞苗芽等世間任何一種因果都能全部推翻的話，

解義慧劍釋

那就另當別論；如果你不能推翻，那就務必清楚：這就是因果關係，這是誰也沒辦法推翻的事實。所以大家一定要懂得這些道理。

還有，很多邪知邪見比較重的人認為，聽說磕大頭、轉經輪有功德，但有功德的理由卻說不出來。其實不用說理由，因和果的關係就是這樣。為什麼呢？法爾如是。麥彭仁波切在《中觀莊嚴論釋》中說，四種道理歸根結底就是法爾理，就像火為熱性的理由無可言說也不可否認一樣，這樣的道理誰也沒辦法推翻。上師如意寶也經常講，如果是懂佛教正理的人，那他對這些道理就不會產生任何懷疑，即使產生一些懷疑，通過聞思也會消除。所以在與很多人交往的過程中，我深深覺得他們非常可憐，對一些具有合理性的一般真理竟不承認。

前段時間開法會的時候，有一位居士對我說：「我是農民的兒子，今年七十歲，以前渾渾噩噩地過去了，現在我對佛教產生信心，我想當你的學生……」當時我心裡想，本來七十歲的學生、四十來歲的老師，在世間來講好像有點顛倒，但從佛教知識的角度來講，自己不僅從小對佛教有信心，而且還研究了很長時間，再加上對東西方的文化也做了一些學習和思考，在這個過程中，越來越堅信釋迦牟尼佛的教法無比殊勝，從中也獲得了非常大的利益。所以，他今年才開始皈依的話，那不管是六十歲、七十歲還是八十歲，我都願意當他的老

師，因為我有這個能力，我可以幫助他。雖然他有七十歲，但在學佛方面可能連一年級還不如，而我在佛教方面卻當過「民辦老師」，所以有這種能力。有時候我也在想，在引導外面的居士學習佛法方面，不管他們問什麼問題，我還是有一定的把握。因為以前的環境和因緣，大多數人對佛教的認識非常欠缺，雖然有這麼好的正理，但相續中的邪見一直擋著前進的道路，所以深入細緻地聞思佛法非常重要。

辛二（宣說法爾理）分二：一、從顯現世俗角度而宣說；二、從空性勝義角度而宣說。

壬一（從顯現世俗角度而宣說）一、真實宣說；二、彼之安立。

癸一、真實宣說：

> 緣起生諸法，皆具依自體，
>
> 住不共法相，堅硬濕熱等，
>
> 名言此法爾，不可否認也。

世間萬法全部都依靠自己的因緣而產生，外器世間的樹木、花草等都依各自的因緣而產生，內情世間的輪迴以及起心動念等也依各種因緣而產生，不依靠因緣而產生或存在的法絕對沒有。所以大慈大悲的佛陀在有關經典中說：「諸法從緣起，如來說是因，彼法因緣盡，是大沙門說。」我以前看過《造塔功德經》，其中有這

樣一個偈頌：「諸法因緣生，我說是因緣，因緣盡故滅，我作如是說。」雖然說法不太相同，但意思是一樣的。總之，世間所有法全部都依靠各自的因緣而產生，不依靠因緣而產生的法，一個也沒有。

以這種方式產生的現有輪涅所攝的一切諸法，皆具有依各自之本體分別安住的不共法相。比如說，地的法相是堅硬，水的法相是潮濕，火的法相是暖熱，風的法相是動搖，虛空的法相是無阻礙等。諸如此類名言諦的法爾（一切諸法都有勝義和世俗的法爾，法爾就是法性，也即自然規律），其實就是有實法的自然規律，這種自然規律誰也沒辦法推翻。《釋量論》云：「有實依自性，安住各本體，同類依賴於，遣除他有實。」關於法爾理，《雜集論》這樣宣說：「法爾道理者，謂無始時來，於自相共相所住法中，所有成就法性法爾；如火能燒、水能爛，如是等諸法成就法性法爾。如經言，眼雖圓淨，空無有常、乃至無我，所以者何？其性法爾。」

名言中的自然規律有簡單和深奧兩類，簡單的規律，就像前面所講的風的本體是動搖等一樣，這些大家都知道；但是，善的本體永遠給人們帶來安樂，惡的本體永遠對眾生帶來痛苦，這些深奧的規律現在沒有受過佛教教育的人根本不懂。雖然世間有些人認為，我讀過很多書、學過很多知識，但依靠這些相似知識，並不能

清楚認識事物的法爾。比如說，一個人的心裡長期存在著嗔恨心，這對身體、心靈乃至整個生活都會帶來痛苦，但是他自始至終都不知道。如果發菩提心或發善心，自然會帶來和諧、快樂與吉祥，但這個道理絕大多數人都不明白。雖然他們不知道，但這樣的法爾誰也沒辦法否認。

前一段時間，我在別後二十年相聚的同學會上，講了一些無常道理，有一位崇信唯物論、認為佛教是迷信的領導聽後，也完全明白了人生無常的道理。當然，二十年的悲歡離合，無疑成了這一真理的最佳注腳，如果有二十年來的不同照片，無常會體現得更明顯。昨天有人帶他來感謝我，他發自內心這樣說：「以前我只覺得人生無常是一種說法，但通過您講的道理，我完全明白了人生無常。人生的確是無常的，現在我有了深深的體會，不說別的，以自己從小學到現在的經歷也可說明。」確實，有時一句話也能讓他人獲得受益，有時雖講很多，他人也不一定得到真正的利益。

萬法無常、一切痛苦的來源就是惡業，這些道理很多人都不知道，如果我們能通過聞思正理來產生定解，那就非常希有難得。這樣的道理，誰想否認也沒辦法，就像火是熱性誰也沒辦法否認一樣。如果有人膽敢這樣冒昧，那他不但不能否認，恐怕還會招來故意毀謗世間名言的過失。當然，這樣的道理只有從佛陀的教言中才

解義慧劍釋

能明白，任何一位世間智者，他們也只是對表層的道理有所研究、有所探索，並不可能觸及這樣甚深的真理。因此，我再次勸勉大家，一定要花一定的時間和功夫來研究佛教，佛教的教義定會給我們帶來暫時與究竟的安樂。當然，這種勸勉並不和當今社會有些人做的廣告一樣，想為自己謀什麼利益，而是真正想將內心所獲得的快樂與大家分享。

癸二、彼之安立：

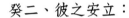

> 一法由異法，建立遣餘名，
> 安立無邊義，以自體性住，

下面講法爾的安立。雖然一切諸法皆安住於自己的法相當中，但要判斷、了知這些法的時候，往往需要分出很多法，其具體方法分為建立和遣餘兩種。比如柱子，也有以「是」、「有」等來建立，以「非」、「無」等來遣餘（可理解為遮破）的各種各樣情況。總而言之，任何一個法都可安立無邊無際的意義，在人們的分別念和判斷力沒有窮盡之前就不會消失。

那麼，在本體上是不是也有這樣的法呢？應該有。比如說，從肯定方面講，柱子具有很多法，那在柱子的本體上這些法就一定存在；同樣，否定方面的很多道理，在柱子的本體上也應該具有。總之，每一個意義都以各自的體性安住在自己的本體上，就像前面《釋量

論》的教證所講的那樣。

　　現量所取境。何者以反體，

　　假立似異法，分別識分析，

　　當然，通過現量來取，就取的是自相，比如眼睛看見柱子，那柱子上面的色法就會以無有混雜、無有前後的方式而照見。如果對這樣的所取境以分別念進行剖析，就可以從柱子不是常有的反體來安立無常，從不是非所作的反體來安立所作，等等。也就是說，可以假立很多在一事相中似乎是異體的法。

　　學過遣餘的道友都知道，本來柱子的本體是一個，但依靠分別念來進行剖析的時候，即將共相和自相混為一體來取境的時候，可以在柱子上面安立很多很多的法。因此，通過分別念，一可以分為多，多可以攝為一，這是遣餘的特點。當然，無分別識是以顯現的方式來緣取對境，所以只要顯現便已完事。

　　實體反體立，由此二方式，

　　亦了諸所知，彼廣多安立。

　　所謂實體，就是不依靠、不觀待其他法，獨立自主體現自己的本體。比如眼睛看見柱子，柱子並不需要觀待他因，就可以在眼識面前清晰顯現，這就叫實體。所謂反體，就是依靠自己的本體並不能體現自己的體性，而要依靠其他理由或觀待其他因緣假立的法，這樣的法就叫反體。依靠實體、反體兩種方式，可以通達一切所

知法相。

實體可分四類：一、能起功用的一切有實法；二、以理成立實際存在的法；三、相續穩固安住輪迴階段的法；四、獨立自主自在顯現的義共相。假有也分四種：一、部分假有，比如，吝嗇心實際上是一種貪心，雖然我們說是吝嗇，但它包括在貪心中。二、階段假有，諸如十四種不相應行。三、增益假有，諸如所謂的「我」本來不存在，但很多人卻認為存在。我們很多人雖然說「我」不存在，但下完課以後——「我到底吃什麼？喝稀飯還是吃其他東西？」為了「我」馬上做吃的，這就是增益在作怪。所謂增益，是指本來不存在的法，人們卻認為存在。四、他法假有，就像婆羅門的兒子是塌鼻子，人們卻叫他「大獅子」一樣，其實這只是形狀方面有點像而已。印度人喜歡取綽號，鼻子大的人叫「大象」，鼻子小的人叫「獅子」，這也是他法假有，其實並不是獅子，也不是大象。

無論如何，一定要懂得實體和反體之間的關係，因為通過實體、反體兩種方式，就能如理如實通達無邊無際的一切所知法相。這是因為，由此廣泛引申出的名相、法相和事相，以及相屬與相違、建立與遣餘等安立多之又多。所以，大家一定要懂得境與有境以及取境的方式。

當然，四種理中，本論主要講後面兩種理、尤其是

證成理講得比較廣，前面的作用理和觀待理都講得比較略。從本論整個內容來看，則主要講證成理及其作用四法依。但我始終覺得，大家學習以後一定會有收益。因為有些人分別念很重，依靠這些分別念還經常產生邪見，這對自己很不利；但是，如果在道理上根本說不下去，那就不得不放棄。因為按照麥彭仁波切的觀點，四種理都包括在事勢理當中，其實事勢理就是法爾理，也就是說一切萬法的客觀規律本來如此，而否認客觀規律的智者根本不存在，所以大家一定要好好學習。

解義慧劍釋

第三課

下面從空性勝義的角度宣講勝義法爾。

壬二、從空性勝義角度而宣說：

> 因果體之法，真實中觀察，
> 能生不可得，觀待生亦無。
> 雖現各自體，體性本為空，
> 三解脫法界，勝義之法爾。

前面講了名言中的三種理，作用理是依靠因的作用產生果，觀待理是果觀待因而產生，法爾理則指緣起生諸法皆具不共之法相。在名言中，因能生果，果觀待因，一切諸法皆具依各自之本體分別安住的不共法相，這樣的道理確實無誤存在。而今天，我們要從勝義空性的角度，對因、果、本體三方面作全面觀察。

首先觀察因：前面講依靠種子而產生果，即依靠因的作用產生果，以《入中論》所講的金剛屑因對因進行觀察：因生果是自生、他生還是共生、無因生？自生是不可能的，因為自己產生自己會變成無窮無盡；他生的話，火焰當中也應產生黑暗……通過這四種方式反覆觀察，就能產生這樣的定解：依靠因的作用產生果根本不成立，這樣的道理連微塵許也得不到。

其次觀察果：前面講果是觀待因而產生的，現在用

《中論》破有無生因來觀察：有則不生，有的緣故；無則不生，無的緣故；有無二者以外也不可能以其他方式存在，所以果觀待因而產生的道理絕不可能成立。

最後觀察本體：用《中觀莊嚴論》所講的離一多因來觀察：一不成立的緣故，多不成立，多不成立的緣故，一不成立，故諸法的本體及所謂的名言法爾根本不成立。

既然因、果、本體皆為空性，那一切萬法就不會存在，因為根本不會有不是因、果、本體所攝的法。故世俗中似乎實實在在存在的一切萬法，在以勝義量進行觀察時，則如虛空一樣遠離一切戲論，根本找不到它們的蹤跡。

我經常這樣想，如果能運用這三種推理來進行觀察，自相續一定會生起萬法都是空性的定解。其實空性就是一切諸法的本體，對此一定要生起穩固的定解。名言中雖然有各種各樣的顯現，但這些顯現都經不起正理觀察，而在不觀察的時候，這些如夢幻泡影般本不實有的現象卻又似乎真實存在，這就是凡夫人的悲哀。

雖然在名言中，我們也不得不承認因、果、本體三者，並運用三種推理來進行推斷，但真正依靠勝義理證來進行觀察，就全部變成了空性。其實，因、果、本體不存在，就是所謂的三解脫：因不存在的緣故是因無相，果不存在則為果無願，體不存在是體空性。三解脫乃一切諸法的本體，即勝義的法爾，也就是所謂的法

解義慧劍釋

界。就像名言法爾火是熱性等不可遮破一樣，勝義法爾三解脫也絲毫不可否認，因為這是聖者各別自證智慧了悟的行境，也即以現量無誤成立的。

實在說，學習這部論典非常有必要。因為現在很多人連名言的真理都不懂，更不用說勝義的真理了。即使是佛教徒，也有很多人不知道勝義的真相，甚至一些寺院的大和尚，對勝義的道理也一竅不通。不懂勝義不足為怪，但不懂名言的真理就非常可怕了。因為名言中，人有前世後世，業因果真實不虛……這些在能取所取沒有消於法界之前都真實存在；而一切諸法的本體勝義法爾，唯有聖者入根本慧定時才能親證。當然，想證入聖者境界者，就必須懂得勝義空性。

雖然一切諸法皆是空性，但這種空性並不離開大光明，也就是說，一切諸法的本體唯是遠離戲論的現空無二的雙運法界。其實，這種本體就是萬法的法性，它並非由分析或修行之後才重新產生。這方面的殊勝教言不但密宗有，顯宗也有，《入中論》云：「若諸佛出世，若佛不出世，一切法空性，說名為他性。」意思是說，諸佛出世也好、諸佛不出世也好，一切諸法的本體就是空性，它就是一切諸法的法性，也就是勝義的法爾。雖然在迷亂者面前有各種各樣的顯現，但這些都如夢幻泡影般不真實，它們的本體唯是明空雙運的法界實相。

對於《解義慧劍》，大家一定要好好背誦，背完了

第三課

之後還要再再思維。對很多沒有聞思時間的人來說，我覺得即使只把《解義慧劍》搞明白，也能對佛教產生不退轉的正信。當然，這一方面是麥彭仁波切的加持，另一方面，麥彭仁波切所講的這些教言的確非常殊勝。因此大家一定要好好學習。

庚三、隨同三理而攝義：

> 作用觀待理，有實之法爾，
>
> 理終歸法爾，緣由無所覓。

解義慧劍釋

前面已經講了，因有產生果的作用叫作用理，果依靠因而產生叫觀待理，實際上觀待理和作用理就是所有有實法的本性。名言中因有產生果的作用，果依靠因而產生，這兩者都是自然規律，也就是名言的法爾。因此，前面所講的兩種理——作用理和觀待理都可以歸在法爾理當中。只要了達了法爾理，就再沒有要尋覓的道理了，也沒有必要再去尋求。比如有人問：「青稞的種子產生青稞的苗芽，青稞的苗芽從青稞種子中產生，這是為什麼？」你是不是沒有事情做？沒有什麼可問的，法爾如是！

有些愚者經常這樣問：「為什麼造善業產生快樂、造惡業產生痛苦？我不相信。」不相信你就造惡業吧，到時候你會相信的。世間有很多這樣的愚者，他們都不懂法爾理。如果懂得法爾理，當有人問「火的本性為什麼是熱性」時，就可以這樣回答：「這誰也答不出

來。」不要說一般的普通人，就是很多人非常崇拜的愛因斯坦和牛頓也沒辦法。你說：「愛因斯坦，你好！為什麼火是熱性？」他也只會說，這是自然本性，除此之外，根本不會去研究原因。如果去研究，最後他也會糊塗，因為根本得不出一個滿意的結論。

現在很多世間人，該研究的地方不研究，不該研究的世間法爾理卻經常研究：為什麼善有善報、惡有惡報？為什麼青稞的種子產生青稞的苗芽？為什麼人產生人，不產生犛牛？……現在西方有些人好像沒有事情做，一輩子當中一直在森林裡觀察：這棵樹到底有多少樹葉？有多少樹枝？有些人拿著一個照相機到處拍一些動物，終生都以這樣的方式混過。其實這沒有必要，值得觀察的唯有真正的正理，正理方面應該去觀察，但歸入法爾理後誰也沒辦法，所以沒必要再去尋覓它的緣由。⑨

前面講的是作用理、觀待理和法爾理，這三個理已經講完了，現在講第四個理——證成理。

己二（說證成理）分二：一、略說；二、廣說。

庚一、略說：

　　　　二諦之法爾，隨同而衡量，
　　　　事勢理成故，即是證成理。

前面講了勝義和世俗的法爾：勝義的法爾，就是遠離一切戲論的空性；世俗的法爾，就是諸如火的本體是

熱性的、水的本體是潮濕的、風的本體是動搖的等名言本性。雖然現在有很多智者都在各自領域拼命研究、探索，但得出來的結論，最多的是名言法爾。不可否認很多學者在這方面的確做出了一些貢獻，但勝義的法爾他們根本沒辦法通達。而且名言也有兩種法爾，一是聖者智慧前淨見量所顯現的法爾，一是凡夫根識前觀現世量所顯現的法爾，雖然他們能通達凡夫觀現世量前的部分法爾，比如牛頓在物理學方面所作出的偉大貢獻，但是這些法爾在聖者的智慧眼裡是什麼樣，他們一點也不清楚，那聖者入根本慧定前的法爾，他們就更不可能了知了。所以我們要對佛法的殊勝性生起信心，因為這並不是沒有理由的空口讚歎。

解義慧劍釋

上述世俗和勝義的法爾，如果依靠切合實相的正理來觀察，就能無誤通達，也就是說，它們以事勢理成立。什麼是事勢理呢？就是完全符合實際的道理，即真正的正理——觀察名言量與觀察勝義量。在事勢理面前，任何人根本說不出與之相反的道理，這叫做「以事勢理成立」。比如，用五種抉擇勝義的理證進行觀察的時候，一切萬法的本體完全成立為遠離一切戲論的空性，這是誰也沒辦法否認、推翻的事實，即以事勢理成立。這樣的事勢理，也就是證成理。

這樣的道理非常重要。我們在座的道友，以後在弘揚佛法的過程中，如果沒有宣講《量理寶藏論》這種論

典的機會，自己講不來，別人也聽不懂，就應該以《解義慧劍》來開示別人，尤其對比較聰明的人，以因明或中觀來引導非常有必要。

　　我有時候有這種感覺：很多道友特別傲慢，當然這不僅指學院的個別道友，還包括外面網上的很多道友，他們認為自己是博士生，覺得很了不起。而現在遇到因明，所有的傲慢竟蕩然無存，不要說辯論，就連因明所講的基本道理也搞不明白。有人認為：「我已經學佛很多年了，對佛法沒什麼不精通的，而且像我這樣以前在學校得過多少獎的人，學佛應該很容易。」在座個別大學生也說：「我是什麼什麼學院畢業的，在學校的成績數一數二……」那很好，既然你學得那麼好，那就應好好學一下因明，過段時間跟其他道友比一比，看筆試怎麼樣、背誦怎麼樣、探討怎麼樣？那個時候不要說超出所有人，可能連因明到底講了什麼，也不一定懂，雖然看了好幾遍、想了很長時間，但最後只有責備自己：「我認為自己智慧不錯，原來並不是這樣啊！」

第三課

現相與實相，自體現量顯，

或依現量見，無欺比量他。

　　「現相」指名言中火的本性是熱性等顯現，而「現相的實相」就是遠離一切戲論的空性，它們兩者的自體，以兩種途徑可以了知：一是現量，一是比量。也就是說，現相和實相依靠現量來了知的也有，依靠比量來

了知的也有。

　　名言中眼睛看見紅色的柱子，這就是現量見到；名言中也有比量來了知的，如以現量見的煙為因，推出山上有火，或者以現量見的所作為因，推出柱子是無常，等等。可見，在名言中由根識親自見到的現量也能得出結論，有些雖然根識見不到，但是通過比量的推理也可得出結論，有這兩種情況。勝義的法爾或法性也要通過現量和比量來成立。通過現量怎麼成立呢？聖者入於根本慧定的時候，一切萬法的本體如理如實地現見，這種遠離一切戲論、無有任何執著的本體就是以現量成立。通過比量來推知勝義諦，就像《入中論》和《中觀根本慧論》所講的那樣，中觀宗用共同和不共同的因來進行推斷的時候，完全知道一切萬法都是空性。由此可知，現相和實相通過現量和比量完全可以了悟。

　　麥彭仁波切所講的這些道理，從文字上看特別略，但實際上，我們很多人依靠這樣的竅訣，以前不太清楚的很多道理，現在完全能通達，所以大家要好好領會。對我們來講，聞思也好、修行也好，懂得這樣的道理很重要。否則，聞思多年連基本的要義還沒有通達，口頭上說什麼也不起作用。如果你真正懂得這樣甚深的道理，永遠也不會退失正見，不僅今生不退失，憑藉阿賴耶上種下的非常穩固的習氣，生生世世對大乘佛法的信解也不會退轉。

解義慧劍釋

庚二（廣說）分二：一、現量證成理；二、比量證成理。

辛一（現量證成理）分三：一、總說；二、別說；三、攝義。

壬一、總說：

> 現量共有四，無誤根現量，
> 以及意現量，自證及瑜伽，
> 現彼境自相，是故無分別。

關於現量，在講《量理寶藏論.現量品》時作了詳細分析，故這裡不廣說。概而言之，現量有四種（如果觀待所見二諦，能見之現量則有名言現量和勝義現量兩種）：第一種叫根現量，即不被眼翳或因坐車船等產生的眩暈之類的迷亂因所染，根識直接緣取外境的自相，比如正常的眼睛看見柱子。也就是說，根識不被任何錯亂因所染，真實見到了外境自相，這就是根現量。第二種叫意現量，即相續沒有瘋狂的因，意識明明清清緣取所見的對境。第三種叫自證現量，即不依靠其他因，心完全能領受到自己的本體。第四種叫瑜伽現量，即修行人通過修行（包括修禪定、念咒語等），起現超越凡夫根識能力的、能知道萬法真相的境界，瑜伽現量有很多層次。

不管是哪一種現量，它的對境完全是自相，不像分別念的對境是總相，所以它必須離分別。分別念有三

種：第一種是本性分別念，它包括所有的心和心所，從這個角度來講，世間無分別都包括在本性分別念中，但這並非所離的分別。還有一種是尋伺分別念，這在《俱舍論》中有廣說，即對粗法有尋思、對細法有伺察，比如了知瓶子是尋思，了知瓶子的裂縫以及瓶子上細微的花紋是伺察，這樣的分別念也不包括在所遠離的分別念中。第三種是名言和意義混合為一體的分別念，這種分別念就是要遠離的分別，現量絕對不會將自相和共相混為一體而取境。因此，遠離分別且如理如實照見自己對境的識就是現量。

下面講沒有四種現量的過失：

> **設若無現量，無因無比量，**
> **因生彼滅等，凡現皆不容。**

解義慧劍釋

這裡是說，上面所講的四種現量非常重要。如果照見事物自相的現量不存在，煙等因就不可能存在，由此而產生的果——火等比量也就成了子虛烏有。《釋量論》也講比量的根本是現量，即：如果顯現的東西不存在，那與它相關的隱蔽之法就根本沒辦法推出來。也就是說，沒有看見山上有煙，就沒辦法推出山上有火；不了知柱子是所作，它的無常就沒辦法成立……所以，比量的推演一定要依靠現量。如果現量的部分沒有，那隱蔽的部分就沒辦法推出，由此也就沒有所謂的比量，故現量非常關鍵。但很多人都不明白現量的概念，所以他

們得出來的比量結論也就很難圓滿。

再者，如果現量不存在，因生果滅等一切顯現也就不可能容有；顯現見不到，那以因知果、依果推因等邏輯關係也就不復存在。所以，一切顯現及其內在的邏輯，都要建立在現量的基礎上，故現量極其重要。

若爾彼空等，依於何者知？

不依名言諦，不得證勝義。

綜上所知，現量必須成立，如果現量不成立，那柱子的顯現等名言現相，以及萬法無常等名言實相就無法立足。進一步講，現量若不成立，萬法的勝義空性則沒辦法了知，因為遠離一切戲論的空性，實際上就是一切顯現法的共同實相。

我們是這樣抉擇萬法為空性的：柱子、瓶子等顯現法（有法），是毫無實質的空性（立宗），因為遠離一體多體之故（因），就如幻化的象馬一樣（比喻）。通過這樣三相推理，就能了知柱子等一切顯現法皆是遠離一切戲論的空性。如果現量見到的世俗顯現法沒有，那抉擇空性也成了不可能的事情，因為現空雙運之故。既然所見所聞的對境全部都不存在，那誰是空性呢？可見，不依靠世間顯現這一名言諦的方便，就不可能證悟方便生的空性勝義。

比如，天空當中有一輪明月，但我們既沒有用語言來表達、也沒有用手指來指示，那可不可能讓人了知

第三課

36

呢？不可能。或者說，我要為一個人指示天空中的月輪，但我手也沒有、口也沒有，那有沒有辦法指示呢？絕對沒辦法。如果有口有手，那我就可以為他指示：你看，天空中有一輪明月。所以現量非常重要，如果沒有現量，那依靠表示來指示空性就根本沒辦法。薩迦班智達講，用手指來指月亮的時候，有些人不看天空中的月亮而只看手指，這是非常愚笨的行為。

解義慧劍釋

　　總之，證悟勝義諦必須要依靠名言諦，不依名言諦絕不可能得到超離分別思維的勝義境界。龍猛菩薩也說：「若不依俗諦，不得第一義，不得第一義，則不得涅槃。」因此，沒有通達世俗諦，第一義的勝義諦就不可能得到。月稱論師在《入中論》中也這樣說：「由名言諦為方便，勝義諦是方便生，不知分別此二諦，由邪分別入歧途。」所以，我們一定要依世俗諦的方便來證悟勝義諦的方便生。如果對顯現和空性的關係一無所知，也就是不知道二諦，那就非常危險，因為這完全有可能以邪分別而入邪道。因此懂得二諦很重要，尤其現量和比量的關係必須要了解，否則通達空性的本義就有一定的困難。當然，如果是密宗，上師就會通過各種表示方法來讓你認識心的本性，如：你現量所見到的東西是如何如何……依靠這樣的方便就能讓弟子的相續產生勝義諦的智慧。

壬二（別說）分四：一、根現量；二、意現量；
三、瑜伽現量；四、自證現量。

癸一、根現量：

　　　　五根所生識，明了受自境，

　　　　根現量彼無，如盲不覺境。

　　五根所產生的五種識，是依靠眼根產生的眼識、依
靠耳根產生的耳識、依靠鼻根產生的鼻識、依靠舌根產
生的舌識、依靠身根產生的身識，這五種識明明了了領
受自己的對境：依靠眼睛，色法上的白色、紅色等完完
全全在眼識前顯現……這就叫做根現量。當然，這樣的
根識（根現量）一定要有，如果沒有這樣的根識，那世
間人全部都會像盲人、聾子、啞巴等一樣，根本不可能
了知名言萬法。

　　沒有眼根就是盲人，正因為盲人沒有眼根，他就見
不到色法；而聾子沒有耳根，所以他根本聽不到外面的
聲音；有些人的身體沒有知覺，現在有些病人下身癱
瘓、上身癱瘓，什麼知覺都沒有，這就是身根已經毀
壞；還有舌根毀壞的、鼻根毀壞的，什麼味都聞不出
來、也不能品嘗。現實生活中這樣的人還比較多，這給
他人和自己帶來了諸多不便，很多人還不太理解，其實
這就是他們的根已經壞了，我們應多多給予幫助。

　　其實，根現量在名言中是實實在在存在的，它並非
依語言假立或通過理證的渠道重新形成。如果在本質上

38

根現量根本不存在，那聾啞等就不應該存在；如果是語言假立，那就會像所取的名稱一樣；如果是通過正理剖析後重新形成的，那就不是實相。但實際上並不是這樣，它就像倉庫裡面本來放著的東西，點亮燈後才發現一樣。以前，很多沒有學過因明的人對根現量、意現量等都不了知，現在通過學習才知道名言中有根現量，依靠根現量，色法也好、聲音也好……它們就能被親自領受。依靠諸佛菩薩的加持，現在很多人終於有緣了知這樣殊勝的正理了！

雖然大多數人現在只能通過凡夫現量和比量來了知，但若真正精進實修，不可言說的勝義諦就一定可以享用，這一點大家要深信不疑。我相信，聞思時間長的道友都有這樣的信心，只要依照大慈大悲佛陀的教言如理如法修持，證悟空性勝義諦就沒有任何問題。

癸二、意現量：

意根所生者，明斷內外境，
意現量彼無，共知法識無。

所謂意現量，就是依靠意根而產生、對內外法明斷的意識。「斷」在藏文中有知的意思，也可理解為判斷或斷定。它明明斷定內法和外法，色法等外法，境相完全能明白，意識方面的內法，像夢中之境，這些也完全能了知。對外也了知、對內也了知，這樣的現量就叫意

現量。如果沒有意現量，那就不可能有共同了知內外一切法的識，這也就是意現量存在的必要。

　　對任何一個眾生來講，意現量的存在都有其重要意義。就像一位家庭主人，如果他對自己的家庭狀況比較清楚，對外面的世界——社會、國家的情況也比較了解，那他對裡裡外外的事情都能弄得明明白白。而根識只能了知各自之外境，所以必須要有了知內外一切法的意現量。現在有些企業專門有一些項目經理，做這個項目就用這個經理來管，做那個項目就用那個經理來管，很多集團的管理方式都是這樣。我們的眼識、鼻識等五識，就像執行不同工作的「項目經理」一樣，它們只能在特定的範圍內適用，比如說眼識，雖然對色法完全都能了解，但是對聲音卻一點都不知道。內外全部都要知道的話，那就一定要依靠意識的「總經理」。

第三課

第四課

前面已經講了根現量和意現量，現在講瑜伽現量。

癸三、瑜伽現量：

依教善修行，終明受自境，

瑜伽現量無，不見超凡境。

所謂瑜伽現量，是指修行人依照上師和佛陀的教言進行修持，即首先聞思，然後到寂靜的地方去實修寂止與勝觀無二無別的道理，修持之後獲得超越凡夫根識的境界，這種境界就叫瑜伽現量。那個時候，雖然看得見凡夫根識根本見不到的各種境相，但並不是用肉眼來看見的；心裡也全部明白他人的心思，但並不是依靠推測和比量來了知的……這種依教修行所獲得的超越凡夫的境界，就是所謂的瑜伽現量。

瑜伽現量可從入定和出定兩方面來分析，聖者入定時能無誤了知人無我和法無我的本體，這就是入定的瑜伽現量；聲聞、緣覺、佛陀在出定時，分別可以見二千世界、三千世界、無數世界（《俱舍論釋》等相關論典中有詳細宣說），這就是出定的瑜伽現量。在《量理寶藏論》中瑜伽現量分為十種，大家可以參考。

另外，大家一定要堅信超越世間的瑜伽現量的無欺存在，只不過它遠遠超越了我們的境界，凡夫人很難領會罷了。《入菩薩行論》亦云：「瑜伽世間破，平凡世

解義慧劍釋

間者。」佛在《三摩地王經》中說：「若諸根是量，聖道復益誰_①？」如果諸根是量，那聖道還能饒益誰？凡夫的眼耳鼻舌身意是正量的話，聖道就沒有什麼用了，還有，如果沒有瑜伽現量，這些超勝的境界是誰來了知的呢？難道你有能力否認歷史長河中真實存在的無數聖者？所以，大家應堅信瑜伽現量的存在。

其實，現在世界最大的可悲，就在於很多人只承認肉眼看到的東西，除此之外的甚深境界一概否認。就像有眼翳者的所見不可能對無眼翳者的所見造成違害一樣，世間平凡人的境界怎麼能違害瑜伽師的境界呢？大成就者們的境界與業力深重、煩惱眾多的凡夫人的境界，當然有很大的差別，比如觀無常，凡夫人只是以分別念想一想而已，大成就者卻是現量照見事物的實相。表面上看來大家都閉著眼睛在觀，實際上卻存在著非常大的差別，這就像病人與好人有很大差別一樣。那我們能不能只相信病人的見聞覺知，而不相信好人的見聞覺知呢？當然不能。所以，大家一定要通過聞思經論，從而對超勝的境界生起堅定不移的信心。

癸四、自證現量：

> 現量領受色，如實除增益，
> 自心若有彼，知彼他無窮。

---

①漢譯為：「於根分別者，聖道則無用。」

眼識通過現量領受對境色法，就能如理如實遣除對色法的增益，比如一個人現量領受了白色的海螺，那對海螺黃色的增益就能遣除；雖然有人說海螺是黃色的，但正常的根識完全了知了海螺是白色的緣故，就能遣除黃色的增益。如果自己的心也通過現量領受來斷除增益，那它就應以自證來了知，並不需要觀待其他法。如果還需要一個其他了知者，那其他了知者也需要另一個了知者……這樣就變成無窮無盡。

雖然用中觀理來剖析的時候，不管是同時也好、不同時也好，自證根本得不到；但名言中必須要承許自證。因為有自證，就能完全了知自己心的一切狀況；如果沒有它，那要知道自己的心就還需要其他識在中間銜接，而且這個識也需要其他識……這樣就有無窮的過失。

對於自證，麥彭仁波切說：內觀時的自明自知就是自證，它並不需要以能取所取分開的方式來了知；如果以這種方式來了知，那就不叫自證，已成了他證。在講《量理寶藏論》第九品的時候，我們也講過自證現量，當時也作了較詳細的分析，想必大家還清楚。其實，在學習中觀和因明時，認識自證並不是很困難。

故以明知體，猶如知對境，

無待而自明，此即稱自證。

心識，與車輞、牆壁、柱子、瓶子等無情法完全不

43

相同，它以明知的本體，能如了知外境色法一樣，在不觀待其他任何外緣的情況下，對自己的本體自明自知，這就是所謂的自證。也就是說，心內觀的時候，不觀待任何法的自明自知，就是自證。因此自證並不是其他法，而是自知本體識。《量理寶藏論》云：「證知自之本體識，即是現量智者許。」《中觀莊嚴論》亦云：「遣除無情性，識方得以生，凡非無情性，此乃自身識。」

大家也應該清楚，為什麼麥彭仁波切說「如果名言中不承認自證，那見聞覺知都毀壞了」？原因正是這樣的，如果不承認自證，就像沒有根識的外境一樣，沒有眼識的緣故，了知色法就成為不可能……同樣的道理，沒有自證現量，自明自知的本體就毀壞了。

當然，如果是以前識了知後識、後識了知前識那樣的狀況來了知，那也不是自證，而是他證。實際上，如果識存在境和有境二者：一個識作為有境、另一個識作為對境，雖然它們是一個相續，但也是他證。那真實的自證是什麼呢？就是自己的本體已經遣除了無情法，也遣除了非明知，它並不需要其他能知者，也不需要以能取所取的方式來了知，這樣的自明自知的本體就稱之為自證。

依他現量受，能定現量者，

唯自證彼無，依他皆不成。

對於依靠其餘三種現量來領受，能確定它們是現量

者,唯有自證。當然,這裡的自證也是從心自己了知自己或自己領受自己的角度安立的。如果認為自證並沒有這樣的能力,而是依靠其他現量和比量來了知,那就不合理。比如,根現量是依靠眼識等來了知對境的,如果不承認自證,就必須依靠其他現量與比量來證實根現量,但以其餘現量與比量並不能證成,所以說能定現量唯自證。

壬三、攝義:

> 比量本現量,現量自證定,
> 歸不誤心受,而無餘能立。

這裡是說,所有比量的根本是現量,現量也要通過自證來確定;故一切現量終歸都要依靠不錯亂之心的自證來領受,而並無其餘能立。

大家都知道,用煙的推理來推斷火存在時,煙一定要以現量成立,如果沒有現量成立,火就無法得以論證。煙的自相是以現量來了知的,這種現量也唯依自證確定,所以說「歸不誤心受」,即以無誤心的自證來領受現量,除此之外並沒有其他的能立或依據。就像已經獲得了大象,就沒有必要再通過腳印去尋找大象一樣。因為,尋找的目的就是為了得到,既然得到了就沒必要再去苦苦尋覓。同樣,已經確定現量見到,就沒必要再依靠其餘能立,而且其餘能立也根本不存在。可見,任

何一個推理都要依靠現量，現量最後都歸屬在自心領受的自證中。

故依離分別，不錯現量已，

於現前諸法，能除諸增益。

依靠遠離一切分別且毫無錯亂的現量，就能斷除於現前諸法的增益。比如，我們對青蓮花有這樣的懷疑：「它到底是藍色的，還是白色的？」可是，當眼睛親自看見它是藍色時，就能斷除非藍的增益。又比如，我們對某人是否富裕產生懷疑，但當看見他穿著高檔西服、開著豪華轎車等，就能比量推斷他很富裕，從而斷除不富裕的增益。其實，依靠現量不僅能斷除對名言的增益，還能斷除對勝義的增益。因為諸如「一切諸法都無有自性，遠離一和多的緣故」的比量推理，也要依靠現量見為前提。

辛二（比量證成理）分三：一、本體；二、分類；二、除諍。

壬一（本體）分三：一、以何心比量；二、以何因比量；三、以何方式比量。

癸一、以何心比量：

取境義共相，混合名能知，

是有分別識，圓行異名言。

其實，人們在取捨任何一個對境時，都是把共相和

第四課

自相混為一體來進行的，比如了知柱子，這也是把心裡概念的柱子和外面自相的柱子混合一起來了知的。此處是說，首先以心來緣義共相，進而就像熟悉名言者通過遣餘，把名稱與所詮義混合一起那樣以心來混合，這樣就能了知所要取的對境之法。其實這就是有分別之名義混合執著之分別念，依此就能圓滿取捨各種不同的名言。

當然，我以前也講過使用名言有三種情形，即心、名、用三者。什麼叫心呢？比如對柱子有一種總相上的概念：「這是柱子。」這就叫心，是一種分別念。什麼叫名呢？當柱子的名稱浮現在腦海中時，口裡面說出了「柱子」兩個字，這個「柱子」就是所謂的名。也就是說，當我心裡浮現出柱子的概念時，我就用「柱子」來進行稱呼，這就叫名。有了心識、也有了名稱，然後就可以在實際生活中去運用，比如人們都用柱子來支撐房梁，可見「用」是從作用方面來安立的。由此可知，人們對名言的取捨全部都是依靠心、名、用三者來進行的。

不諳名言士，心現義共相，

依可混名念，於境行取捨。

以名義混合執著之分別念，將自相和共相混合在一起而進行取捨的方法非常重要。雖然有些眾生根本不熟悉名言，比如幼兒和旁生，但他們相續中將自相與共相混合在一起的分別念卻是有，這樣心中就可顯現義共相；儘管他們不知名稱，但將來可以混合，依靠這種名

解義慧劍釋

義可混合的分別念，就能取捨一切對境。

　　比如，有些幼兒根本不知「火」的名稱，但知道火能傷他，所以怕火。或者，當別人給他一些食品時，雖然他不知道這個叫餅乾、那個叫牛奶……但知道這是吃的東西，所以他會表現得很開心，很高興地吃起來。像牛，雖然不知道「水」的名稱，但牠口乾時就會去喝水；牠也不知「懸崖」等名稱，但見到懸崖等危險的地方就會迴避。不知大家是否見過公路上牛躲車的情形？牛根本不會叫「轎車來了、貨車來了」，也不知道這樣的名稱，但知道這個東西可能會傷害牠，所以會遠遠避開。

　　總之，相當一部分眾生的相續中將自相與共相混為一體的分別念是有的，他們也依這樣的分別念來進行取捨：該取的對境會去追求，就像小孩希求食品、鮮花那樣；該捨的對境也知道迴避，就像牛避開危險的地方一樣。

第四課

若無分別識，破立名言無，
故比量學處，誰亦無法示。

　　在名言中，前面所講的這種分別識還是要成立。如果沒有這種分別念，那世間中的建立與遮破就無法進行。這樣一來，因明的比量推理以及醫學、戒律等方面的學處，也都無法向他眾闡示。

　　講戒律時經常要講一些公案，講造罪果報時，很多人都會膽戰心驚，祈願以後千萬不能造這樣的惡業；講行持善法的功德時，很多人都會產生嚮往之心：「這樣

的善法有很大功德，以後一定要行持。」其實，這都是以分別念來進行推斷的，如果這些分別念全都沒有，那世間到處都會呈現出荒謬與迷茫。所以這樣的分別念一定要有，否則，一切學處與推理都沒辦法成立了，一切隱蔽的事理也沒辦法了知了。

大家都知道，現量的對境是當下的顯現，它以無分別的方式來緣取對境，依靠這種方式，當下剎那的對境就可以原原本本在根識前顯現。但這樣的方式並不能通用在一切時處，對於一些比較深細的道理以及比較隱蔽的事物來說，那就必須依靠比量。不說出世間的學處要依靠這樣的分別念，就是世間的學處也必不可少，現代科學日新月異的發展不就是最好的說明嗎？所以這樣的分別念非常重要。

解義慧劍釋

分別衡量證，尋後等隱事，

分別比量無，皆成如嬰兒。

依靠分別念，能衡量、確立、尋求未來之法，以及追憶過去之事等現在沒有現前的一切隱蔽事。如果有分別的比量不存在，那一切人都會變成與嬰兒一模一樣。

分別念可分以下幾種：一種是追憶的分別念，也就是回憶。比如我回想自己在年輕時做過什麼事情。有些有神通的瑜伽師，能回憶自己的前世，就像佛陀在很多公案中所講的一樣，多生累劫中的隱秘事，他們都能清楚回憶。

昨天我家裡來了一位國外的客人，給我講了他前世的一些事情。我開始有點不相信，但後來也信了，因為他確實能想起來。他說：「這些話除了三個人（他的一位上師，還有一個好朋友，以及我）之外，給誰都不講。」當時他讓旁邊的人都避開，說：「對不起，雖然我們幾個從很遠的地方一起來，但還是請你們離開，因為我有一個重要的事情要向堪布講。」他是這樣講的：大概一千二百多年前，他在青海湖那裡住，一家五口人。後來父母死了，他帶著兩個弟弟一直在沙漠上漂泊，過著特別淒慘的生活。後來他遇到一位上師，上師將他們帶到拉薩，之後就一直在那一帶生活……他講得栩栩如生、有條有理，讓我不得不專注地聽下去。他在講漫長的輪迴時，我時而歡喜、時而厭離。當然，現在世間人有各種目的，很多人說自己能回憶前世，但到底是真是假也不知道，不過他確實能想得起來。他把好幾世都講了，到目前為止還是記憶猶新。他說：「正是有了這樣的經驗，我才對因果輪迴堅信不疑。」當然，這也是追憶的分別念。

還有一種是尋覓，也就是希求未來的分別念，比如：「我將來會變成什麼樣？將來我的事業如何發展？我將來會獲得什麼樣的果位？將來我要找一個什麼樣的朋友？」等等。

還有一種是對事物的真理正在探索、分析的分別

念，比如：「柱子是無常的，所作的緣故。」或「柱子到底是無常還是常有？」對當下的問題正在剖析，是這樣的分別念。

分別念還有真分別念與假分別念的分法，比如：認為「繩子是繩子」是真分別念，認為「繩子是毒蛇」是假分別念。當然，分別念還有其他很多分類。

如果這些分別念都沒有，那比量也沒有；如果有分別的比量不存在，那一切人都會像剛生下來的嬰兒一樣什麼都不知道。我有一個親戚就像剛生下來的嬰兒一樣，他比我大，大概五十多歲。前段時間他的母親死了，他什麼都不知道：「母親死了，那怎麼樣呢？我要不要去提水？以後做什麼？以前是怎麼樣的？」當時好多親戚都覺得，他人這麼大了，還像剛剛生下的嬰兒一樣，什麼都不知道。

當今時代，很多人只承認今世、不承認前世後世，其實這也帶有這種味道。因為，他們對自己多生累劫的前世與生死輪迴的未來到底存不存在，連一點懷疑也不產生，只顧及短暫幾十年的今生。我始終認為，這種人跟剛剛生下的嬰兒沒有什麼差別，但對方不一定會承認，不承認也無所謂，事實勝於雄辯嘛。作為佛教徒，對前後世存在的道理一定要依有分別的比量來觀察，這非常重要，千萬不要人人都變成嬰兒一樣，這樣不太好！

第五課

前面講了「以何心比量」，現在講「以何因比量」。

癸二、以何因比量：

依何能知何，即因彼宗法，

同品異品遍，三相全無誤。

依靠任何一個因（煙、所作等）進行推斷，最後能了知任何一個所立（火、無常等），這就是所立之因。首先，因在宗法（有法）上成立還是不成立？如果成立，那第一相宗法成立。在觀察推理的時候，首先要看它的因在有法上成不成立：如果不成，那同品遍和異品遍也絕對不可能成立；如果成立，這才有必要觀察第二步。比如，「柱子無常，所作之故。」首先所作在柱子上成立，這叫宗法成立；其次觀察是所作是不是無常？如果是所作則必定是無常，那同品周遍，第二相成立；然後觀察第三相，在不是無常或無常倒轉的情況下，所作也不存在，這就是異品周遍，第三相成立。三相（宗法、同品遍、異品遍）全部齊全的緣故，這是一種無誤的推理，也就是說以所作之因能無誤證成所立無常。

法稱論師在《釋量論》第一品的開端說：「宗法彼分遍，是因彼為三。」意思是，宗法、同品遍和異品遍

三者全部齊全才是真因的法相。所以三相齊全才是真正的因，我們也應以這樣的因來進行推斷。

到此想必大家已經清楚，因和所立之間所具有的隨存隨滅的關係了。

現量所抉擇，因中能推測，

個別隱蔽分。

前面講比量的根本是現量，此處講依靠現量所抉擇的因，能比量推測個別隱蔽分。

比如說，對我們來講，本來前世後世非常隱蔽，但如果因明學得好，或者說能運用現量所抉擇的因來進行推斷，就一定會堅信前世後世的的確確存在，因為推理的論式完全正確。也就是說，只要能運用三相齊全的推理來進行論證，自他就不得不承認前世後世存在。由此可見，世間很多隱蔽的事理都要通過比量來了知。可是現在世間千千萬萬的人根本不懂這些道理，在自己眼耳鼻舌身意根本沒辦法照見的時候，就把一些隱蔽的事理劃為神秘現象，這樣判斷並不合理。

現在世間分別念非常重的人，不管是記者也好、科學家也好，真的很可憐，整天都依靠各種儀器、想用庸俗的分別念來抉擇非常甚深的事理，但這是不可能的。照相機再怎麼精密，也不可能照下來前世後世；宇宙飛船再怎麼快，也不可能飛出輪迴。但他們仍花大量的資金去提高設備質量，其實無論再怎麼樣提高，也只會徒

勞無功，因為非對境的緣故。如果真的有智慧，就應該以這樣的推理來推斷前後世的存在，以及三寶的加持不可思議等。

下面講比量的分類，以及這樣分類的原因：

依繫證所立，果因自性因。

從建立方面來講，因有兩種，即果因與自性因，這是依靠因與所立的不同關係來安立的。什麼樣的關係呢？同體相屬和彼生相屬。依靠彼彼相生的關係，就可用果來推知因，比如：「山上有火，有煙之故。」以果煙來推斷火因的存在，這就是果因。依同體相屬來建立的推理就是自性因，比如：「柱子無常，所作之故。」

不得相違得，破所破不得，

如是歸三因。

從遮破的角度來講，有本體不可得因和相違可得因兩種，它們都包括在不可得因中，這在《量理寶藏論》中已經講過。其實，所有比量的推理都可以包括在這三種因當中，也就是自性因、果因和不可得因，依靠它們，就可了知隱蔽的事理。

其實，這兩種不可得因都是遮破所破的因。首先講本體不可得因，本來這個東西只要存在就一定可以見到，但並沒有見到，所以它不存在，比如：「我前面不可能有瓶子，因為沒有現見之故。」這是以本體不可得因來遮破的。「我前面不可能有強大的冷觸，因為強烈

第五課

的熱觸存在之故。」以這種方式來遮破相違的法，就是相違可得因的比量推理。

佛陀在《解深密意經》中講：「理有四種，即作用理、觀待理、法爾理、證成理……」因此我們一定要通達這四種理，並以之觀察世間萬法，這樣定會對佛教的教義和世間正理生起不共的信心。

癸三（以何方式比量）分三：一、以所量而安立三種、六種；二、以建立方式而安立四種；三、以緣取方式而安立二種。

子一、以所量而安立三種、六種：

真實諸顯現，本來等性故，
心淨見清淨，住淨自性中。

等性和清淨二者，一個是勝義的實相，一個是名言的實相。通過勝義量來觀察就會了知，一切諸法在真實性中本來就是平等性的。具體講，當我們真正以中觀和密宗觀察勝義的推理來進行分析的時候，就一定能產生這樣的定解：在真實勝義中，輪迴和涅槃所攝的一切萬法都是平等遠離一切戲論的大空性，根本沒有任何分別與執著的相。釋迦牟尼佛第二轉法輪所講的道理，也就是萬法最後都抉擇為遠離一切戲論的大空性，這就是所謂的等性。

名言中，心清淨的聖者將一切萬法都見為清淨的

解義慧劍釋

相，且始終安住於這種清淨自性之中。雖然一碗水，地獄、餓鬼、旁生、人類、天人卻有各不相同的所見，分別見為鐵汁、膿血、屋舍、水、甘露等，但它的實相卻是清淨的，這在名言中決定成立。因為清淨大佛子於一水塵則見無量剎土或將水見為瑪瑪格佛母，究竟斷除二障及其習氣的佛陀，則現量見到雙運大等性的究竟實相。也就是說，我們現在看見的一切不清淨的繁雜之物，在實相中全部是清淨的，這一點以觀察名言的究竟理證完全可以成立。當然，淨見量也有不同層次，但最究竟的淨見量，唯佛擁有。

佛經中也有這樣的記載，以前具髻梵天與舍利子辯論，具髻梵天說我們所居的剎土全部是清淨的，絲毫也不存在骯髒不堪的事物，舍利子則根本不承認，最後佛陀說：「我的剎土就像具髻梵天所說的那樣，全部是清淨的，只不過舍利子你沒有看見而已。」可見，我們眼前顯現的不清淨東西，在清淨大佛子與佛陀面前，全部是清淨的剎土與法界，這就是名言的究竟實相。《大幻化網》中講：為什麼它們是清淨的呢？因為諸佛菩薩現量見的緣故。如果諸佛菩薩的量不正確，而凡夫的量正確，這是誰也不會承認的歪理邪說，因為以有垢的識根本無法違害無垢的智慧；就像在眼翳者前海螺始終是黃色的，而無眼翳者面前海螺則是白色的一樣。

由此可知，諸法在勝義中全部是遠離一切戲論的空

性，在名言究竟實相中則是全然清淨的自性。以後我們講《大幻化網》的時候，這方面會講得比較多。所以大家一定要廣聞博學，因為在中觀、因明等顯宗論典中根本沒有提及的有些道理，在密宗中卻有竅訣性和理論性的詳細講解。

解義慧劍釋

有實依緣生，無實依假立，

是故實無實，自之體性空。

世間中，柱子、瓶子等外器世間的法與心和心所等內情世間的法，全部是依靠不同因緣而產生的，而虛空、石女的兒子等無實法全部是眾生分別念假立的。既然有實法全部都依靠各種不同的因緣而產生，那決定是《中論》所說的那樣——全部是空的。假立而產生的法也不存在實有，因為石女的兒子等的實質本來就不存在。因此，所有有實法和無實法都不存在實有的本體，它們都以自體性而空。但世間非常多的可憐眾生反而錯誤執著，這不得不歸之於他們從來沒有學過因明、中觀以及無上密法的道理所導致。如果他們都能懂得這些法全部都是因緣所生的空性，那他們對不可靠的東西自然而然就不會特別去追求。

現在很多人對生活、感情、家庭以及單位等方面的問題始終想不開，一直執迷不悟。原因是什麼呢？就是因為他們根本不懂：有為法（有實法和無實法）和無為法所包括的一切萬法全部是空和假。由此也在相續中積

累了很多不好的種子，從而漂泊流轉在漫漫無垠的輪迴當中。所以我們一定要明白，有實法和無實法的本體全部是空性的。

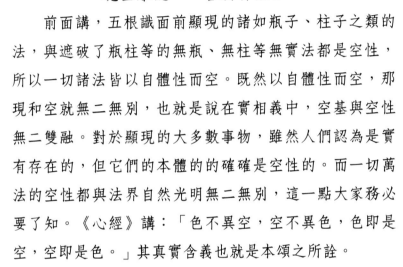

實相義空基，空性無異故，
現空離說一，各別自證知。

前面講，五根識面前顯現的諸如瓶子、柱子之類的法，與遮破了瓶柱等的無瓶、無柱等無實法都是空性，所以一切諸法皆以自體性而空。既然以自體性而空，那現和空就無二無別，也就是說在實相義中，空基與空性無二雙融。對於顯現的大多數事物，雖然人們認為是實有存在的，但它們的本體的的確確是空性的。而一切萬法的空性都與法界自然光明無二無別，這一點大家務必要了知。《心經》講：「色不異空，空不異色，色即是空，空即是色。」其真實含義也就是本頌之所詮。

但真正現空雙運的境界，凡夫人的確無法了知，就像螢火蟲的光根本不可能代替日月的光一樣，凡夫分別念不可能了知真正現空無二的智慧。因為在凡夫的境界中，現的不能空、空的不能現，二者不可能雙運。但是，只要我們對上師三寶有堅固的信心，再加上自己長期不斷地串習，那遲早有一天會真正生起現空無二的雙運智慧，此時也就是所謂的聖者各別自證的行境。就像《般若經》裡面所講的那樣「不可思議」，這種境界一定會在我們的相續中生起來。那個時候就會深信，佛法

的威力和加持真的不可思議。所以大家一定要不斷努力，以期超越凡夫的智慧在相續中早日生起，如果讓凡夫的境界始終保存在相續中，那將會永遠沉溺在輪迴，從而感受難忍的痛苦。當我們真正擁有這種境界時，任何人也推翻不了，自己也知道已經超越生死輪迴。相信這種境界遲早會在每一個人的相續中生起來。

子二、以建立方式而安立四種：

> 所有諸建立，歸集證有是，
> 所有諸遮破，無遮非遮攝。

世間當中，一切建立皆歸集為證成有與證成是，一切遮破皆以無遮與非遮涵攝。

第一、人們在形成任何一個建立的時候，要麼以「是」來建立，要麼以「有」來建立，除此之外不可能有其他形式。比如：「山上有火，有煙之故。」這是以果因來推理，從而建立山上有火存在，即「有」的建立方式；而「柱子是無常的，所作之故。」就是以「是」來建立的。所以，當我們詳細分析的時候，就會了知世間凡是肯定一個東西，要麼是「是」、要麼是「有」，除此之外不可能有其他方式。

第二、所有否定要麼是「無遮」、要麼是「非遮」，除此之外不可能有其他形式，比如：「在我前面沒有瓶子，現量沒有見之故。」「黃牛的法相不是瓶

解義慧劍釋

子，不具足它的法相之故。」

在一些藏文文法中，肯定和否定都是這樣安立的，但漢語好像並沒有這樣精確地講，可能是歷史與文化不同的原因所導致的吧！

子三、以緣取方式而安立二種：

> 依量破立理，如理確定已，
> 他前亦合理，能說破與立。
> 破者即運用，三相自續因，
> 依於他承許，以應成語破。

我們應該依靠現量等無欺的正量來遮破非理、建立合理，但無論是遮破還是建立，所有論式都必須如理安立，這樣確定以後，就能在他者面前說出符合道理的、建立自宗合理性與駁斥他宗不合理性的他利比量。並且，破斥他宗也決定有兩種真能破，一是如自利一樣運用三相推理的自續因；二是三相雖然不全，但用對方的承許引出應成的語言來駁倒對方的應成因。因此一定要明白，最初採取自利比量、接著實施他利比量來悟入正量的道理。

壬二（分類）分二：一、真實分類；二、攝義。

癸一（真實分類）分二：一、名言量；二、勝義量。

子一、名言量：

> 名言亦有二，實現符不符，
> 依於清淨見，不淨觀現世，
> 二種名言量，如天及人眼。

這個頌詞的意義非常重要。其實《解義慧劍》比較接近密宗，裡面講了部分密宗的教言。一般來講，《釋量論》等因明論典主要講觀現世量，淨見量很少提及，而本論講淨見量的篇幅比較可觀，故大家要好好珍惜。

名言有兩種，一種是實相和現相不一致的顯現，另一種則為實相和現相一致的顯現；由此也就存在兩種量，即見實相和現相不一致的觀現世量與見實相與現相一致的淨見量。也就是說，名言中除了觀現世量所見的不清淨顯現之處，還存在淨見量所見的清淨顯現，即真正的名言實相。但這種實相凡夫人根本見不到，就像眼翳者只能見黃色的海螺，而不能見白色的海螺一樣。要想見到白色的海螺，那就必須先醫好眼病，同樣，要見到諸法實相，就必須先淨化相續。

觀現世量包括在現量和比量當中，其內容在《量理寶藏論》等因明論典中有詳細宣說。相對觀現世量的是淨見量，淨見量是聖者的量，他們的所見與凡夫的所見完全不同，這在前面已用一碗水的不同所見來作過分析。麥彭仁波切在講《大幻化網》時，把這些內容講得非常清楚，所以大家一定要不斷地學習。

61

這兩種名言量就像人眼與天眼一樣，天眼不但能見自己的對境，而且人眼的所見也能見到，同樣，淨見量不但能見真正的名言實相，還能見到凡夫的所見。而人的眼睛只能見到自己的境界，這就像觀現世量，觀現世量只能見到柱子等不清淨的顯現，至於清淨的顯現則根本見不到，可以說這就是觀現世量的缺陷。

大家也要清楚，為什麼《普賢行願品》講「一塵中有塵數剎」？其實這就是聖者淨見量的真正所見。而觀現世量只能見塵，塵中的塵數剎則根本見不到。當然這也是量，就像因明所講的那樣，從不欺惑方面安立為量。但相比淨見量，這也不算正量，不過暫時只有這樣安立，這有點像眼翳者看見黃色的海螺就算見到了海螺一樣。如果要求他看見白色的海螺，那在眼病還沒有好之前則根本不可能。所以，真正的名言實相，並非我們現在所見的不清淨顯現。

當然，如果真正想懂得淨見量和觀現世量之間的差別，那就應該深入學習《大幻化網》等論典，這樣之後我們的理解就會增上。當然，密宗所宣說的甚深見解，與顯宗《妙法蓮華經》、《金剛經》等經典中所講到的甚深部分完全可以互相圓融。不要說甚深的見解，就是光通達觀現世量也可以，但大多數人連觀現世量也不懂。沒有學過因明的人，什麼叫現量、比量都不知道，全部憑自己的庸俗分別念來操作，這非常可怕。現在世

間有些學者，表面上看來他們好像很了不起，自己也很傲慢：「我是某大學畢業的博士生！」名稱倒非常好聽，但實際上連一個觀現世量也沒辦法抉擇，這種可憐的人在世間非常多。

　　依靠這樣的論典就會了知，除了我們現在的所見之外，還有更深、更微妙的所見真實存在，雖然現在還見不到，但我們有充分的理由，也就是說我們堅信不清淨所見的背後，一定有清淨的顯現存在。就像有眼翳者，無論他怎樣看海螺都是黃色的，但他從道理上明白：「我的眼翳什麼時候好了，我就能見到白色的海螺。」同理，雖然我們現在還沒有到達一切都是清淨的境界，但只要不斷努力，總有一天會像相續清淨者那樣：不但能現證萬法本體的空性，還能現見一切諸法的清淨實相。可見，學習這部論典非常重要！

解義慧劍釋

第六課

現在正在講比量證成理，其中講第二個科判——分類，該量分為兩類，即名言量和勝義量，首先講名言量。前面講了名言量有兩種，即見現相實相不一致的觀現世量與見現相實相一致的淨見量，它們分別像人眼與天眼一樣。大家務必清楚，淨見量講得特別清楚的經論並不多，而麥彭仁波切的相關教言書卻講得非常詳細，依此我們能非常方便地認識世間萬事萬物，故大家一定要再再深入麥彭仁波切的論典。

下面講這兩種量的差別：

> 彼二之差異，體因果用分，
> 似義無欺心，如理取境生，
> 觀現世對境，遣除諸增益，
> 盡持分位義。

如果對每一種量都能從本體、因、果、作用四個方面來進行分析，就能深深了知它們之間的差別。

首先分析觀現世量（世間名言量）：

「似義無欺心」，它的本體是僅對成為現量、比量對境的所知相似義無有欺惑的一種心。因為觀待淨見量的對境來講，觀現世量的對境畢竟只是相似的對境，正因為是相似的緣故，暫時不受欺惑的有境之心就是觀現世量的本體。大家都知道，當眼睛看見藍色布匹的時

候，它所看見的確確實實是正確的，這樣無欺的有境心識，就是觀現世量的本體；從比量的角度來講，通過所作推出柱子無常，柱子的本體也的的確確是無常的，這證明分別念所抉擇出來的道理是正確的，這種有境也是觀現世量的本體。

「如理取境生」，意思是現量、比量如理如實取各自的對境，就是觀現世量的生因。由沒有任何錯謬的六根和對境聚合，達到一定程度時就能生起緣取對境自相的識，這是以現量來如實取境，也是觀現世量的因；比量如實取境，則如依靠山上有煙推出山上存在火，這也是觀現世量的因。

「觀現世對境，遣除諸增益」，這是講觀現世量的作用。柱子本來是無常的，但有些人懷疑柱子到底是不是無常，於是我們就運用正確的推理來讓他了解柱子的無常性，這樣之後原來的懷疑也就遣除了；或者，本來庫房存放的布匹是白色的，但有人認為它是黃色的，這個時候如果能讓他好好看一看，那當下就能遣除布匹是黃色的增益。當然，這是在講觀現世量的作用，即遣除對觀現世量的對境懷疑的增益。概而言之，所遣除的增益就是凡夫根識前的增益，也即與正確的觀現世量的對境不符合的一切法都要遣除，這就是觀現世量的作用。

「盡持分位義」，這是講觀現世量的果，即不誤認為他法而完全受持相應場合的意義。比如，本來在名言

解義慧劍釋

中存在前世後世，但有人卻認為前世後世不存在，於是我們通過推理來讓他了知前世後世的存在，這樣之後錯誤的見解就被遣除了，符合實際真理的見解自然而然引生出來，這就是完全受持相應場合的意義，也即觀現世量的果。所以，只要真正懂得了觀現世量，就不會有誤認為他法的錯誤。

一般來講，世間正確的認識與判斷全部是依靠觀現世量來抉擇的。為什麼現在很多科學家都認為自己觀點是正確的呢？就是因為他們是依靠觀現世量來抉擇的。有些是長期潛心研究之後通過儀器現量見到的，比如物質結構與化學反應等，有些則運用推理的方式來判斷。當然推理有兩種，一種就像前面所講的那樣，理由非常充分，已經具足三相，自然推出來的結論就百分之百正確；另一種則是科學家通過推測作出的假說，這有正確的、也有錯誤的。

現在有些預言家預言，未來某時某處要發生戰爭、地震……弄得人心惶惶。對我們而言，大家不但不能相信，更不要到處宣傳。那天有個道友給我看了一份資料，說再過幾年一定會發生戰爭，還跟我講了很多預言。真是杞人憂天，根本沒有任何必要。地震也好、火災也好……這些大多是一些預言家的胡言亂語。有人說，1999年的時候整個人類三分之一的人都要死掉，結果不要說三分之一，百分之一的人都沒有死。究其原

因，是他們根本沒有正確的世間名言量，所以我們也沒必要生活在擔憂與恐懼之中。如果有正確的世間名言量，就會像法稱論師和陳那論師的比量一樣，不管得出任何結論都千真萬確，根本沒有任何錯謬之處，所以真正懂得觀現世量非常重要。

很多世間人該研究的不研究，不該研究的偏偏去研究，這種現象現在非常多。在國外，很多人一輩子都在研究一些根本沒有實義的問題，這些都是荒廢人生、毫無意義。所以，大家擁有現在這樣的人身時，一定要好好聞思修行，千萬不要浪費。如果實在沒有聞思能力，也應該像麥彭仁波切所講的那樣，天天都要念誦高僧大德傳下來的經論和咒語，還要好好觀自己的心，除此之外恐怕都沒有實在的意義。

解義慧劍釋

　　　　廣大之智慧，緣如法性生，
　　　　不可思議境，遣除諸增益，
　　　　具盡所智果。

其次講淨見量：

「廣大之智慧」，這是講淨見量的本體，也就是對廣大所知無欺了知的有境智慧。比如，諸佛聖者通過盡所有智，就能無誤了知凡夫人根本不可能了知的廣大所知境。不說諸佛聖者，就算是有天眼的凡夫，也能看見普通人所不能見的對境，有宿命通的凡夫人也能親見不為一般人知的前世後世。所以大家一定要堅信，超越分

別念的了知廣大所知的無欺智慧，的的確確存在，諸如：有特殊淨見量的人對整個世間的鬼神全部都能見得清清楚楚，富樓那尊者看見水裡面有無量的眾生，等等。

「緣如法性生」，這是講淨見量的因，即聖者首先入於根本慧定，在遠離一切戲論的境界中安住，出定後他對整個世間的萬事萬物都能了知。對凡夫來講，則只有依聞思生慧的定解、以總相的方式緣真如之義作為前提，從而對諸法住於大清淨中等不可思議的境界生起誠信。

世間很多無法想像的名言法，諸如一個微塵中有無數的剎土和如來、過去未來的千百萬劫可以包括在一剎那當中，這些都是依靠淨見量來了知的。而淨見量的因就是根本慧定，所以凡夫人想擁有淨見量就比較困難。對好好聞思修行的人來說，雖然還沒有真正獲得聖果，但對心的奧秘以及一切萬法的真相等常人難以了解的道理也能了知。比如，一般世間人都認為柱子是常有的，但學過佛法的人則知道柱子是剎那無常的。又比如，從來沒有學過佛教經論的人始終執迷不悟，覺得人身非常乾淨、可愛，而學過佛教經論的人則認為，人體非常不淨，依靠這樣的定解就能壓伏煩惱、漸趣聖流。

麥彭仁波切很多非常甚深的教言中都講，名言量一定要分成兩種，如果沒有這樣，僅以一般世俗的現量和比量，根本沒辦法了解如此甚深的道理。我始終覺得，傳承上師留下來的這些珍寶教言非常殊勝，只不過很多

人沒有緣分通達它的甚深意義。如果真正懂了，那它無疑就是價值連城的如意寶，一定會給我們帶來世出世間的各種成就。但光是在字面上能劃，也不算真正的懂。就像學電子，如果你不懂原理，對境一變就沒辦法了；如果懂原理，那不管對境怎麼樣變，自己也有應對的能力。對佛法來講，如果真正懂得觀現世量與淨見量，以及相似勝義與真實勝義，那對任何一個事物的判斷都不會錯。不管是去美國還是去加拿大，你都能保持自己的見解，且能幫助有緣眾生改正不正確的觀點，從而樹立起正見，這樣佛法就能得到廣泛弘揚。

解義慧劍釋

　　「不可思議境，遣除諸增益」，這是講淨見量的作用，即對觀現世心不可思議的對境遣除懷疑的增益。雖然現在很多科學家都認為，有根識根本無法了知的生命體的存在，但他們始終無法證實。美國有一個魔鬼聚集的地方，很多人都特別害怕。雖然有些具有特殊能力的人現量見到了魔鬼，但很多科學家拿著各種儀器去的時候卻一無所獲，不過他們也覺得這個地方真的有一些怪怪的東西，只不過看不見而已。如果有淨見量，此類事情就很容易解釋，可以說易如反掌。所以，對世間名言量根本無法了知的很多深奧事理，一定要用淨見量來抉擇，這就是淨見量的作用。

　　對於研究學問的人來說，如果沒有淨見量的指導，可能很多問題只能打一個問號，認為這是無法解開的

謎。在看一些科學雜誌的時候，我深深覺得這些世間人很可憐，他們喜歡研究，但研究的方式僅限於分別念，可是怎樣挖也挖不出來。就像以木扦鑿石頭一樣，最後始終無有結果。鑒於分別念無法避免的局限性，我奉勸大家一定要依靠淨見量，至少也要懂得淨見量的道理，這樣就有解釋的方法。

「具盡所智果」，這是講淨見量具有徹知一切所知的果，也就是說，獲得佛果時才現前的、了知名言究竟真相的盡所有智，也是依靠淨見量而現前的。這一點很重要，希望在座各位道友要盡量多分析。

個別道友有這樣的情況：在講一些公案或因果方面的簡單道理時很有興趣，稍微講一點深的法就開始打瞌睡，可謂興趣索然。有一個道友跟我講：「你每天講一些簡單的法就可以了，不要講中觀、因明，這些太深了，現在沒有人講這樣深的法。」確實，很多高僧大德的講經說法，都是關於如何趣入善趣，對初學者的開示比較多。可是，我不僅要講一些初學者的教言，還要講非常甚深的因明、中觀和密宗，依靠這些教言，很多人一定會獲得不可思議的利益。尤其對一些有智慧、有信心的人來說，你整天講一些因果報應的公案，恐怕很難滿足他們的心願，其實甚深教言的加持和力量是不可思議的，依靠這樣的教言，心可迅速得到轉變。一些讀過高等學校的知識分子，他們的分別念特別多，有人認為

第六課

自己的智慧很高，但在遇到因明和中觀的時候，他們也不得不承認天外有天、人外有人，認為自己的智慧確實跟不上前輩高僧大德，可見講甚深法也很有必要。所以，道友們對這些教言一定要重視。

子二、勝義量：

> 勝義有二種，相似真實理，
>
> 能量觀勝義，彼量亦成二。

勝義量有兩種，即相似勝義與真實勝義。

首先講相似勝義（隨同勝義），這種勝義凡夫人也可以抉擇，比如柱子是空性的，所謂空性則指遮破所破後的不存在，也就是單空。對初學者或根基較差的眾生來講，宣講這樣的勝義很有必要，因為他們實執很重、始終執著萬法實有，故必須首先以中觀的推理，將萬法抉擇為不存在的空性。為什麼不存在呢？因為以正理一個一個剖析的時候，最後萬法都沒有存在的理由。就像「我」，人們都認為是存在的，但以離一多因等無謬中觀正理來詳細觀察的時候，我們就一定會堅信「我」根本不存在。不但「我」不存在，萬法皆不存在。其實這樣的不存在就是單空，以此即可摧毀無始以來的實執，從而擺脫輪迴，獲證無上涅槃。

其次講真實勝義，這就像《中觀根本慧論》所抉擇的一樣，萬事萬物全部是遠離四邊八戲的大空性，一點戲論

解義慧劍釋

都沒有，即遠離所有的語言分別與妄想執著。對凡夫人來講，這就是所謂的「不可思議」，就像盲人無法了知大象的形狀一樣，凡夫分別心不可能了知聖者的無分別智慧。

為什麼要分這兩種量呢？因為所量有二的緣故。正因為所量有相似、圓滿（真實）兩種理，衡量它的智慧，才分成相似勝義與真實勝義兩類。如果沒有這兩種量，那就無法了知相似與圓滿的兩類所量，可見這樣的分法非常有必要。《中觀莊嚴論》亦云：「切合勝義故，此稱為勝義，真實中彼離，一切戲論聚。」前兩句講相似勝義，後兩句講真實勝義。

大家一定要分清相似勝義與真實勝義，還要懂得二者的關係，否則，想通達聖者的境界就很困難。《中觀藏論》云：「於此若無有，真實世俗梯，欲上勝義樓，智者非應理。」

相似勝義的單空一定要具足，否則就沒辦法到達真實勝義，因為沒有樓梯卻想上高樓，智者一定會說這不合理。講中觀時，為什麼先抉擇單空，再抉擇遠離四邊八戲的大空性？其原因也在於此。

癸二、攝義：

> 依前而入後，猶如患目愈，
>
> 正量明目淨，現見淨等義。

上面講了四種量：名言量分觀現世量和淨見量，勝

義量分相似勝義和真實勝義，那要依什麼樣的方式才能證悟呢？當然是依靠前前的因來產生後後的果。這就像病人患眼疾之後，必須通過打針、吃藥等治療才能痊癒一樣。作為初學者，基本的現量、比量先應搞清楚，之後還應對淨見量生起定解，如此也就了知了名言量；對於勝義量，先應抉擇單空，然後再對遠離一切戲論的大空性生起定解。在有了這樣的定解的基礎上，還應不斷努力實修，慢慢自相續就會真正融入諸佛菩薩的智慧境界，並與之成為無二無別。當然，獲得這種層次並不是我們想像那樣快，實際上就像世間求學一樣，先讀幼兒園，然後小學，之後中學、大學，是這樣一層一層上去的。到了大學之後還會有這樣的體會，原來我讀幼兒園所學的知識對我現在來講也不可缺少，如果沒有學這些，基礎就不會牢固，其實幼兒園所學的知識已經包括在大學的智慧當中。同樣的道理，到達最高的修證境界時，前前的智慧也就包括在其中了。

解義慧劍釋

眼疾痊癒之後，外境也就能清楚照見；同樣，正量的明目清淨之後，世間萬事萬物的真相都能了了分明。依靠淨見量的明目能無餘照見器情萬法的本來大清淨，依靠勝義量的明目則可照見萬事萬物的大平等。

關於清淨方面的教言，總的密宗續部講得比較清楚，尤其是《大幻化網》裡面，一切外境怎麼樣清淨、一切有境怎麼樣清淨，講得非常詳細；在顯宗裡面，

《寶性論》、《華嚴經》等大乘經論也講得比較多。關於平等，在《般若經》中有特別詳細的宣說，《中觀根本慧論》為主的「中觀理集諸論」也講得很清楚。所以大家應將釋迦牟尼佛的第二轉法輪和第三轉法輪結合起來修學，這樣才能完整通達顯宗佛法。在此基礎上，還應學習如珍寶般的密宗教言，如此方能精通一切佛法。

以後如果有機會，我會講《大幻化網總說光明藏論》，依此大家一定會對密宗的殊勝、尤其對淨見量有清楚的認識。當然，關於淨見量，我們這次只不過提了一下，但依靠密宗《大幻化網》等來抉擇就根本不是這樣，我想大家一定能通達：名言中的一切，本來就是大清淨的法界，根本沒有一個不清淨的東西。而空性方面的道理，在座各位基本上都學過《中觀根本慧論》、《中觀四百論》、《入中論》、《中觀莊嚴論》、《七十空性論》、《六十正理論》，現在還正在學《中觀寶鬘論》，所以在中觀的見解方面大家應該非常不錯。這麼多的論典已經學習了，如果還不懂中觀，那就太不應該。相信在座的各位，不說是中觀的證悟者，至少對中觀也有一定的了解和體悟。在淨見量方面，除了老常住之外，可能大家都學得不是很多。大概十多年前我講過《大幻化網總說光明藏論》，當時感覺很多人對淨見量的道理基本明白了，但是現在隔了那麼多年，有些道友已經遠走高飛了，有些已經離開人世了，所以真

正懂得淨見量的恐怕不多。以後只要有機會，關於密宗、尤其是《大幻化網》方面的教言，我會傳授，相信這對大家一定有非常大的利益。

壬三（除諍）分二：一、總說；二、別說。

癸一（總說）分三：一、除不容有之諍；二、除不成立之諍；三、除無必要之諍。

子一、除不容有之諍：

解義慧劍釋

> 無分別分別，二月夢繩蛇，
>
> 有錯未錯分，故成量非量。

大家一定要了解，不分量和非量的說法是錯誤的。在因明的境界中一定要分量和非量，如果不分，很多事情就沒辦法分析，因為在世間當中，不但有錯誤的無分別和分別，還有正確的無分別和分別。

錯誤的無分別有哪些呢？一個是根識的錯誤無分別，一個是意識的錯誤無分別。首先是根識的錯誤無分別，比如當眼根受到壓迫時眼識面前就會顯現兩個月亮，這就是根識的錯誤無分別，實際上天空中並沒有兩個月亮，只是在眼根受到刺激的時候才這樣顯現的。然後是意識的錯誤無分別，一般晚上睡覺都會做夢，按因明觀點，夢境就是無分別顛倒意識的顯現。

哪些是錯誤的分別呢？比如把陽焰執著為水，或者將花色的繩索認為是毒蛇。有些人的膽子特別小，看見

蛇的照片也特別害怕——那天我把一張放生的照片給一個人看，他看到照片上的蛇後，把照片扔在地上就跑了。看到照片都那麼害怕，真正的蛇出現在面前就更怕了。

然後是正確的無分別與分別，如眼睛看見虛空中有一個月亮，這就是正確的無分別識；對花色的繩索認為是花繩之類的識，就是正確的分別意識。

正因為世間有正確和錯誤兩種情況，我們才從不欺惑與欺惑的角度安立了量和非量。《入中論》云：「無患六根所取義，即是世間之所知，唯由世間立為實，餘即世間立為倒。」沒有任何過患的六根所看見的法，就是世間的所知，這樣的所知法唯有觀待世間根識才能安立為真實世俗，而了知這樣的所知法的識，無疑就成了世間的真實量。如果六根都有過患，那無疑就會觀待世間而將其所了知的法安立為顛倒世俗；而緣取這種所知義的識，自然也就成了非量。

大家都知道，名言中，人有前世後世是正量，前世後世不存在是非量；海螺是白色的是正量，黃色則為非量；虛空有一個月亮是正量，有兩個月亮則是非量……像這樣的量和非量都不存在的話，那就有很多過失。

若無量非量，誤妄無誤真，

永不可分故，宗派不容有。

如果量和非量都不存在，那將錯誤判斷為虛妄、正

確判斷為真實的區分也就永遠不存了，如此一切宗派也將不容有；所以我們一定要分清，世間當中哪些是正確的、哪些是錯誤的。但現在有些人並不是這樣，包括有些修行人也是：「量和非量、因明和中觀都不重要，你只要好好修行——天天念阿彌陀佛就可以，不要管那些，全是分別念啊！」統統混為一談，這不合理。光念阿彌陀佛，什麼都迷迷糊糊，最後自己念錯了也不知道，真是可惜。

如果正確和錯誤的區分都沒有，那承認前世後世不存在的順世外道的觀點是錯誤的、承認萬法唯心現的佛教觀點是正確的，這種能區分的量也就根本不存在了，這樣的話，那我們還有什麼理由說自己的選擇是無悔的呢？其實，皈依佛門並非盲目與衝動支配下的行為，只有真正深信三寶是一切眾生暫時與究竟安樂的源泉，我們才會去皈依。對於上師，也只有具有善知識法相的高僧大德，我們才會去依止，也就是說，依靠他的慈悲菩提心一定能使我們的相續有所轉變，否則就會遠離乃至捨棄他。可見，我們一定要擁有判斷量和非量的明目。如果判斷量和非量的明目都沒有，天下就會大亂，到處都會亂糟糟的。所以在分別心尚未消失於法界之前，一定要運用量與非量的智慧來認真取捨。

子二、除不成立之諍：

> 真性中析已，現量及比量，
> 非量如何立，如是之戲論，
> 皆成體性空，故離諸戲論，
> 如火之熱性，住名言戲論。

　　有些人認為，在勝義當中分析的時候，上面講的現量與比量全部都不成立，所以你們這樣的安立並沒有用。

　　當然，在觀察勝義的時候，現量與比量全部是空的本性，這一點沒有任何懷疑。但是，在名言中這些量是不可缺少的，即必須要具足。如果量不具足，那就會像麥彭仁波切所說的那樣：沒有眼睛的話，走路就不方便；同樣的道理，在世間當中誰不懂因明的正量就非常可憐，不管做任何事情都不方便。在佛教當中，不懂因明、中觀的人雖然想學一點、修一點，但都很難成功；就像世間的文盲，雖然他想搞企業、做生意，但沒有知識的緣故，根本沒辦法做下去，所以學佛一定要有智慧的明目。

　　既然在勝義中現量與比量都不成立，那非量也不可能存在，如此能破與所破、境與有境等安立也都成了戲論，因為它們畢竟只是名言的法。既然是戲論，那它們的本體就完全是遠離四邊八戲的大空性。可見，離戲的本體始終都安住在戲論當中，也就是說所有戲論的本體

就是離戲，這就像火的熱性與火永遠都是無離無合的一樣。雖然在觀察真實義的時候，現量、比量等安立並沒有超出空性，但在世俗中它們的作用卻不可否認，這一點大家要明白。

是故現與空，無離住萬法，
方便方便生，遮一另不證。

就像前面所講的一樣，見聞覺知的一切顯現：比如瓶子、柱子，或者現量、比量，它們的本體一經觀察都不成立，是遠離四邊八戲的空性。但這種空性的本體與顯現本身並非互相脫離，兩者始終不可分離，且以雙運的方式安住於萬法當中。

顯現與空性的關係是這樣的：顯現叫名言方便法，空性叫勝義方便生法，依靠名言方便法的顯現便能證悟方便生法的勝義諦，不依靠顯現則不可能證悟勝義。也就是說勝義和世俗是無離無合的，遮除顯現就不能證悟空性，遮除空性也不能證成顯現。《心經》亦云：「色不異空，空不異色，色即是空，空即是色。」這充分說明，顯現之外沒有空性，空性之外沒有顯現，顯現就是空性，空性就是顯現。這樣的話，就很容易理解現量、比量等戲論，從來沒有超離過離一切戲論的境界的無垢觀點。於是我們就敢大膽地說，雖然顯現中現量、比量等皆無欺存在，但勝義中本體全是空性。當然，在名言中，我們還是應毫無畏懼地使用正量，因為勝義的「方

便生」觀待名言的「方便」之故。另外正量有兩種，一個是心識的正量，一個是量士夫。所謂量士夫就是本師釋迦牟尼佛，佛是世間唯一正確的人，所以也包括在量中。

　　雖然以勝義量來觀察的時候，一切萬法皆超離一切戲論，根本不存在任何執著相，但世間人一直有相的執著，所以永遠沉溺在輪迴當中。漢文思想的「想」是心上面一個行相的相，這表示心一直執著相，隨著執著，思想與宗派也就隨之而生，各種法相也層出不窮地出現，於是乎眾生對相的執著更加深重，苦難也越來越加劇。面對如是多的眾生因各種各樣的執著而沉溺在痛苦的輪迴當中，諸佛菩薩以無緣大慈給我們作了重要開示：在名言中對所有的相都要了解，一定要清楚哪些是真的相、哪些是假的相？否則真假會混為一談，從而不知取捨。拿依止善知識來說，現在外面很多人根本不懂依止善知識的方法，一直糊裡糊塗，到最後錢也花完了，精力也用完了，還生後悔心，這就是真假分不清楚的原因所致。雖然勝義中真和假全都融入法界，但在未證悟如是境界之前，一定要分清真假、是非以及量與非量，否則將感受無邊難忍的痛苦。

第六課

第七課

在遣除三種諍論中，除不容有之諍與除不成立之諍已經講完了，現在講除無必要之諍。

子三、除無必要之諍：

> 不析量非量，唯依世人見，
> 趣入勝義諦。

前面講，二月的顯現以及眼翳者前顯現的黃色海螺等是非量，一個月亮的顯現和見白色的海螺等是正量。但有些人認為量和非量的分析沒有必要，應該世間人怎麼樣承認，我們也這樣承認就可以了，因為月稱論師在《入中論》中說：「我依世間說為有。」既然中觀應成派也跟隨世間承認，那我們也沒有必要在量和非量之間區分，應該世間人怎麼樣承認、我們也如是承認就可以，因為以此方便完全能證悟勝義諦，所以沒有必要這樣分。修行人當中也有人這樣認為，學因明有什麼用，只要開悟就可以了，除此之外沒有必要學很多知識。

> 此說雖不遮，見此生彼果，
> 世間之現量，依之比量故，
> 未稱不捨義。

當然我們也不否認這種說法，因為不以因明中的量和非量來觀察，而直接進入勝義諦的情況的確是有的，像六

解義慧劍釋

祖惠能大師、米拉日巴尊者等藏漢佛教的個別成就者，他們確實沒有學過量和非量，也沒有以這樣的理論來觀察分析，但最後都獲得了非常大的成就，展現了特別大的弘法利生事業。對於中觀應成派的不共所化來說，也不需要長期聞思，就可直接趣入離一切戲論的勝義諦的修行。

但是，如果以世間人怎麼樣承認、我們就應如是承認的觀點，來遮破量與非量的安立的話，就不太合理，因為世間人從未否認過量與非量。比如，在見到青稞的果是從青稞種子產生的現象時，世間人會確定「此生彼果」是親眼所見，毫無欺惑可言；他們之所以要種莊稼，就是因為他們堅信：春天的時候播下種子，秋天的時候就會有收穫，其實這就是量。如果種下青稞卻想收割麥子或稻子，那不容有，世間人也明白這是不可能的事情，其實這就是非量。由此可見，雖然世間人並一定不知道量和非量的名稱，但實際上已經承認了量與非量，至少也承許了這種意義。

如果我們向農民詢問：「你懂不懂現量和比量？」可能他會回答：「我根本不知道什麼叫現量和比量。」如果我們問：「種下青稞之後會長出苗芽，這一點你見過沒有？」他會說：「看見過。」那我們就可以說：「這是你現量所見。」如果問：「春天的時候種下種子，秋天的時候就會有收穫，這一點你知不知道？」他說：「知道。」那我們就可以告訴他：「這就叫比

量。」所以給農民上因明課並不是很困難，因為他們也知道合理與不合理的界限。

牧民也是同樣，他們在夏天的時候天天都忙著擠牛奶、做酥油，原因是什麼呢？就是因為到秋天會有一坨坨酥油與一袋袋奶渣的可喜收穫。可見他們也知道量與非量，因為不知道就不會這樣去做。工人也是，知道量與非量的緣故，他們才會整天做工。你看那些修經堂的工人多麼精進，晚上都不睡覺，這是為什麼呢？就是過一段時間他們會得到人民幣。世間知識分子也是，雖然他們不一定懂得這些術語，但實際上也會以親眼所見和各種推斷來得出正確的結論，其實這些就是現量、比量的另一種說法。

所以，完全可以這樣說，一切世間人無不知道量與非量，雖然並不一定都知道現量、比量等的名稱，但這樣的意義從未捨棄過。故完全不用分析量和非量的說法並不合理，相反，分析量和非量非常有必要。

癸二（別說）分三：一、除觀察名言量之諍；二、除觀察勝義量之諍；三、一致攝義。

子一、除觀察名言量之諍：

> 無二名言量，淨見成虛妄，
>
> 不淨見海螺，白黃真假非。

前面講名言量分觀現世量和淨見量兩種，但對方認

為這種分法不合理，說根本沒有必要這樣分。作者遮破說，如果名言量沒有這樣分，那就有如下兩種過失：

第一種過失是「淨見成虛妄」。「淨見」指聖者相續中擁有的，繼入定緣如所法性之後、在後得照見廣大所知界的有境智慧。《俱舍論釋》云：「聲聞阿羅漢、麟角喻獨覺、人天導師佛陀的天眼依次能照見二千世界、三千世界與無數世間界，這也是就現行而言的；不就現行而言，前三者按次第能照見一千、二千與三千世界。」凡夫人不要說一千世界，連一個山溝都看不清楚。像我，連一個小小經堂裡的人都看不清楚，雖然坐在高高的法座上，但只能看清坐在前面的道友，後面的人到底是誰也不知道。但聖者的所見完全不是這樣，眾多世界他們也能照見。而且，聲聞緣覺所見到的無數眾生，佛陀在一個車輪大的範圍內也能照見；在密宗瑜伽師的清淨顯現中，四大都是佛母，比如見水大為瑪瑪格佛母等，這些都是淨見量。不說聖者，天人也將水見為甘露。所以境界越來越高，上上的所見越來越清淨。

如果沒有淨見量，那麼觀察名言的量就唯有觀現世量，這樣淨見量就成了虛妄，因為它並非名言實相。如果普通人的所見是正確的，那麼聖者的道就沒有用了。佛在經中講：「設若此等根是量，聖者之道有何用？」意思是，如果眼耳鼻舌等諸根是正量，即凡夫人的所見是正確的，那聖者的道還有什麼用呢？絕對沒有用。但

實際情況並非如此，所以我們不得不承許淨見量。

以前具髻梵天與舍利子辯論，具髻梵天說釋迦牟尼佛的所化世界是非常莊嚴美妙的清淨世界，根本不是你所說那樣凹凸不平的污濁世界，但舍利子一直不承許。最後釋迦牟尼佛說，我的世界本來就是如是的清淨莊嚴，只不過你未能見到而已。所以，淨見量與清淨的顯現本來就是存在的，乃至我們現在所處的剎土也完全是清淨的，只不過凡夫人根本見不到。其實，這正是我們應懺悔之處，怎麼能因看不見就否認呢！

第二種過失是：「不淨見海螺，白黃真假非。」意思是說，如果不承許淨見量，那不清淨者所見海螺的白色是真相、黃色是假相的安立也不合理，因為對方已經否認了實相與現相的差別之故。如此一來，見白色海螺也應變成見黃色海螺，有這個過失。但這是誰也不會承認的事實。在不清淨凡夫的觀現世量面前，有眼翳者見海螺為黃色，這是假的，它只是現相；而在無眼翳者前海螺是白色的，這是真的，是實相。同樣，名言中無眼病者看見虛空中有一個月亮是真的，看見有兩個月亮則是假的；黃昏時將花色繩索認為是毒蛇是錯的，認為是繩索則是對的；將水認為是水是正確的，將陽焰認為是水則是錯誤的。如果名言中不分觀現世量和淨見量，暫時的假世俗和真世俗也不能分析了。但名言中很多真假必須要分清，比如到市場上買東西的時候，有些產品是

假的就不能買，而只能買真的產品。可見對方的觀點實在荒唐。

這是寧瑪巴麥彭仁波切的不共殊勝竅訣，大家也應如此承許。否則，如果像藏地其他教派所許那樣在名言中不能這樣分，那聖者的清淨顯現就不能成立了。因為這種清淨的顯現肯定不能安立在勝義諦中，而世俗諦又全是假的，二諦之外又沒有其他安立，自然就不存在了。

現在有些人這樣問：「世俗的顯現全是假的，而勝義又是空性的，那極樂世界是不是不存在呢？」我們可以這樣回答：從名言的角度來講，它是真正的實相，因為它是淨見量的對境之故。所以名言量一定要分兩種，如果沒有分，那在這些問題上很多人會迷惑不解。在藏傳佛教中，個別論師就是因為沒有分淨見量和觀現世量，所以在安立二諦的時候非常迷惑。對漢傳佛教來講，了解名言中有這麼一種分析方法也很重要，以此才能在名言中正確安立極樂世界與娑婆世界，很多問題也就自然而然得到解決，否則也有一定的困難。所以大家一定要搞清這些問題。

子二、除觀察勝義量之諍：

　　　無二勝義量，不知二諦融，
　　　勝義墮戲邊，自我毀滅矣。

有些人認為，勝義就是一味一體的法界，它怎麼能

分呢？其實這種想法並不合理，如同名言量必須分兩種一樣，勝義量也必須分兩種。其原因是：因為所量勝義分暫時和究竟或相似和真實兩種，所以觀察勝義的有境智慧也必須分兩種，即暫時的相似勝義（單空）與究竟遠離戲論的實相勝義。如果沒有這樣分，那就「不知二諦融」。意思是說，沒有分開兩種勝義就無法了知二諦圓融無違的道理，因為只是受持否定所破的單空執著相之故。

下面講一下中觀的四步境界：一切顯現法皆可以理抉擇為空性，這叫「空性」；通達顯現和空性無二無別，即現即是空、空即是現，這叫「雙運」；這樣的現空雙運並不是在分別念和文字上安立的，它超離一切言說思維，這叫「離戲」；長期修習離戲就能現前諸法自性等性，這叫「等性」。如果真正能了知中觀的四步境界，那就一定能深深領會本頌的深刻內涵。

如果觀察勝義的量只安立在相似勝義的層面上，那單空和顯現怎麼圓融呢？如果你說這就是現空雙運，那這種現空雙運實際就像麥彭仁波切所說的那樣，成了白色的繩子和黑色的繩子搓在一起的東西，又怎樣安立現空無別的道理呢？這樣一來，你們所許的勝義諦要麼墮入常邊、要麼墮入斷邊，或者是有邊、或者是無邊，除此之外絕無別的去處。那這是不是諸佛菩薩的究竟密意呢？肯定不是。《中觀莊嚴論》云：「生等無有故，無

生等亦無。」這一句話講得很清楚，生住滅等不存在的緣故，觀待它的無生、無住、無滅等也不存在。如果進而對緣起與性空無違的道理生起殊勝的定解，這就是現空雙運。在此基礎上，如果破基顯現與所破空性結合起來執著的妄念也消逝無餘，從而現出遠離破立且自然安住的離戲相，這種境界就是所謂的離戲。對這樣的離戲再再串習，從而觀待有法的法性各自分開的偏袒所緣行境也得以清淨，並對諸法自性等性生起殊勝定解而趣至究竟，這就是等性。如果勝義諦不是這樣的等性境界，而僅僅是語言和思維可及的單空，那勝義就墮入戲論之邊了。其實以理分析之時，這樣的單空根本站不住腳，它必將自我毀滅。

因此，大家一定要受持麥彭仁波切的殊勝竅訣，既要通達暫時的單空，也要通達遠離一切戲論的大空性。我看見藏地個別論師講，釋迦牟尼佛在般若法門中所講的空性，只是眼耳鼻舌身等不存在的單空，古今中外個別論師也有這樣承許的。漢地個別高僧大德在講《金剛經》的時候說，所謂空性就是碗裡面沒有水一樣，大家一定要悟這種空性。如果空性真的是這樣，那幼兒園的小朋友和牧童也都輕而易舉地開悟了。我常這樣想，大家若能深入《定解寶燈論》，對空性就一定會有深刻的認識，如果真正證悟離戲大空，那一切戲論全都會消於法界。

子三、一致攝義：

> 所量世俗無，能量心自證，
> 析無如水月，終無別一諦，
> 涅槃真實際，諸法究竟故，
> 識境無別身，智相離中邊。

在真實中，所量世俗萬法根本不成立，分析起來能衡量的有境七識與自證也沒有，顯現和空性無二無別，猶如在江河湖泊等處的水中顯現的月影一樣。《三摩地王經》也這樣宣講了一切萬法無實的比喻，還叫我們如是作觀，頌云：「秋季夜晚之水月，澄清無垢河中現，水月空虛所取無，一切諸法如是觀。」《大圓滿心性休息》等論典在講諸法無實時，也用水月來比喻，以此就能對現空無別的道理產生定解。

秋天的月亮特別好看，不知道你們有沒有這種感覺。我覺得現在喇榮景色非常美，就像天界一樣，尤其皎月發出光芒照射到大地上的時候特別舒服。昨天晚上我在院子裡觀了一會兒月，覺得是那麼美，如果我是一位詩學家，一定要用筆來描繪它，可惜現在已沒有這樣的興致了。

倘若對二諦窮究到底，就是遠離一切戲論、不可分割、獨一無二的真諦。龍猛菩薩在《六十正理論》中云：「涅槃唯一諦，諸佛所宣說。」意思是說，唯有一諦乃涅槃，這是諸佛之所說。佛陀在《寶積經》中也

解義慧劍釋

講，唯一的一諦乃滅諦，也就是涅槃。雖然佛陀在顯現上也講了二諦、四諦等很多諦，但實際上就是唯一的涅槃，也即「真實際」。其實，涅槃乃一切諸法的究竟實相，並非指佛陀或上師示現圓寂。而究竟勝義、大空性、大離戲、大圓滿、大中觀等詞，皆是涅槃的異名，都詮說了一切諸法的究竟實相。

由於一切諸法皆安住於實相真如之中，也就沒有較此更高的境界了，因為已達究竟的緣故。此時，能知的心與所知的境無二無別之身，就是所謂的智慧身，它的智慧顯現也完全遠離中邊等相之一切分別念。

可能是世俗諦習氣比較濃厚的原因吧，很多人在做世間事情方面還是有一些能力，但在勝義諦方面卻明顯串習不夠。不想成佛則已，想成佛就必須通達釋迦牟尼佛所宣講的般若空性，《般若十萬頌》云：「須菩提，所有江河入於恆河大江，彼等隨同恆河而入大海；須菩提，如是五波羅蜜多若以智慧波羅蜜多攝持，則至一切智智位。」所以我們一定要懂得般若法門的重要性，且通達般若空性。

我們能遇到這樣殊勝的教法，真的很有善根和福報，沒有善根福報的人，想遇到這樣殊勝的法門也不可能。《解義慧劍論釋》講，步入佛教、追求涅槃的補特伽羅一定要懂得佛教精華，作為顯宗來講，佛陀親自授記的龍猛菩薩與無著菩薩所開創的深廣二派殊勝無比，

所以應將唯識宗和中觀宗結合起來修學。去年大家都學習了《中觀莊嚴論》，我覺得很多人已經打好了非常堅實的基礎，對唯識和中觀也有重新的認識，所以大家應該知道自己該怎麼做、該怎麼修了。其實，這就是佛陀最甚深的妙道，大家一定不能捨棄。

現在有些人認為，聞思沒有什麼用，只要實修就可以了。很多高僧大德都認為，這是一種魔障，是魔王波旬在製造違緣，因為真正佛陀的教法和證法都建立在聞思的基礎上。所以我們應該在守持清淨戒律的基礎上，在善知識面前聽聞浩如煙海的妙法，隨後如理思維大恩上師所傳的法義，並對義理消除疑暗，在生起真正定解的基礎上，還應不遺餘力地實際修持。

但聞思修也要具備三個條件，即信心、出離心和菩提心，這三者缺一不可，否則難以成為正法；有了這三者，聞思修行才能得到真正的利益。如果既沒有信心，也沒有出離心和菩提心，表面上雖然在聞思，也在修法、念經，甚至整天都在禪修，這些並不能成為解脫之因。

大家在修行的時候，一定不要貪著今世。我常常這樣想，所有榮華富貴和顯赫地位不值得羨慕，最值得羨慕的，就是世間當中有一位知足少欲、清淨戒律的真正修行人，自己發自內心深深地仰慕他們。「不要貪著今世」，這是所有佛教宗派的不共教言，前輩高僧大德都

解義慧劍釋

異口同聲地說：所作所為不是為了自己的名聲、地位，而是為了眾生和佛法，這樣的修行人才算是真正的修行人。

在座的各位，人生確實很短暫，有些人能活到七八十歲，有些人只能活到三四十歲；這個人身就像秋天的鮮花一樣，什麼時候遭到無常大霜的襲擊也很難說。所以在短短的人生當中，所學的法、所知道的教言應該要用上。怎樣才能用得上呢？平時要多多祈禱諸佛菩薩，而且相續中的煩惱也要盡力滅掉，如果不能滅掉，也要盡量壓制，在這方面下功夫的話，就是真正的修行人。

我們不但遇到了極為殊勝的顯宗法要，而且還值遇了密宗，這的確是大家的福分。大家都應該知道，在具有法相的善知識面前獲得灌頂，並依上師的竅訣來認識自己心的本性，尤其是密宗大圓滿當中有句義灌頂，依靠上師的表示方法來認識心的自然光明，這種教言更是難得。所以，在有機會遇到顯宗、密宗這些法要的時候，大家千萬不要捨棄。

在座各位道友，不知你們有沒有這種感受，我在看了以前學過的法本時總是這樣想：在末法黑暗如是熾盛的時代，我們有這樣的機會確實非常難得。前段時間，我在閉關期間翻閱了《釋迦牟尼佛廣傳》、《中觀莊嚴論釋》、《七寶藏》、《上師心滴》等論典之後，內心非常感激上師如意寶。上師如意寶在這麼多年當中，不

第七課

知不覺已經給了我們這麼多教言，而且這些一個比一個殊勝，現在我們雖然沒有全部消化，但是遇到這些教言也極為難得。

如今末法時代，有些人是為了名聲而奔波，有些人是為了財富而奔波⋯⋯在不知不覺中人身已經荒廢。我自己雖然沒有特別高的境界，但在依止上師的過程中，確實是「十年寒窗無人問」，默默無聞地一直堅持聞思，所有的時間和精力都放在聞思和翻譯上。而現在，明天死了也不後悔，我覺得這個人身還算是有價值，已經聞思那麼多年，而且在短暫的人生當中，好多年的聞思應該用得上一點。在如今這麼一個不好的時代當中，這確實非常有意義。

總之，大家遇到這樣殊勝的顯密佛法，一定要珍惜。

戊二（彼之作用四法依）分二：一、總說；二、別說。

己一、總說：

> 如此深與廣，慧眼睜開已，
> 定見佛佛子，諸具大慧者，
> 由經之妙道，顯密乘法理，
> 難得誰已獲，莫令空無果。

這兩頌的意義，《解義慧劍論釋》的作者——麥彭

仁波切的弟子拉色丹畢嘉村尊者，在前面作了詳細解釋，其實放在這裡解釋好像好一點。不過我也隨順作者，在前邊談了一下自己的感想。

通過再再聞思上述二諦甚深廣大的實相，在以正理的渠道而見的美妙慧眼睜開以後，自己必定能見到十方三世諸佛、諸大菩薩以及二勝六莊嚴等聖者所由經的樂乘、樂入、樂徑的妙道。接著，我們也可毫無畏懼、毫不怯懦地踏上此道。那這樣的妙道到底是什麼呢？就是在信心、出離心和菩提心攝持下的次第聞思修行，或者說，就是顯宗的深廣二派以及密宗內外續所宣說的所有教言。這種妙道基安樂，道安樂，果也安樂，可以說毫無痛苦可言，因此大家都應義無反顧地邁入此道。

要踏入此道，就必須系統聞思顯密佛法。如果沒有聞思，那連什麼叫做顯宗、什麼叫做密宗都不懂。現在有些人根本不懂佛法，但卻以無知而造下了誹謗佛法的嚴重罪業，所以大家務必要花一定時間來學習佛法，這非常有必要。現在末法時代，人的根基很差，很多人都沒有勤奮學習顯密佛法的基礎，但卻想開悟，恐怕這只會南轅北轍。

在座的道友，不知你們有沒有這種體會，我是這樣想的：今生能遇到這樣的佛法和上師，確實很幸運、也很有福報。在現在的社會，不要說真正的顯宗、密宗，就是世間正道，像中國傳統文化的孔孟之道，學和講的

第七課

人都非常罕見，越來越多的人受東西方垃圾文化衝擊，連基本的人規都沒有，實在可憐！在這樣混亂的時代當中，我們遇到了像曇花那樣難以現世的佛法如意寶，這的確不容易。不但遇到了這樣的佛法，而且自己還有信心，儘管有些人有出家的因緣，有些人沒有出家的因緣，但都有聞思修行的意樂和緣分，我覺得這非常難得。機不可失，失不再來！因此大家千萬不要空過。眾生的根基不同，有些人該學習的佛法不學，不該學的垃圾知識卻興致勃勃，這就是業力現前。如果沒有享受到佛教的甘露美味，來到這個世界隨隨便便就過了，那就毫無意義。

解義慧劍釋

智悲光尊者形象地宣說過一些惡人的修行狀況：有些惡人剛開始的時候就像野牛一樣，根本不趣入真正的佛教；到了中間，對聞思非常憎恨，可謂毫無興趣，每天都不斷奔波忙碌於世間法；最後，這些人隨著惡友業際顛倒，以前是修行人後來變成了非修行人，這種人就像處於密林中的野人一樣，處境非常可憐。現在邪知邪見的人非常多，雖然表面上看，這是大學生，有一定的學問，但只是造惡業特別擅長，造善業一點興趣和意樂都沒有。這種人在我們周圍相當多，大家應以之為鑒，千萬不要變成這樣！

有時候我這樣想，人早一點死也好，因為現在已皈依佛門，對佛法僧三寶的信心也比較虔誠，在這樣的狀

態中死去，應該會有很好的去處；如果在業際顛倒、生邪見等時才離開人世，那就非常糟糕。所以大家遇到再大的苦難，也不要捨棄佛法僧三寶，這是我們每一個人都應有的誓言。自己也應經常在諸佛菩薩面前如是發願，在早上起來之後以及晚上睡覺之前，都應這樣祈禱：「但願我生生世世不離上師三寶，但願我生生世世不離出離心、菩提心和無上大圓滿的殊勝境界。」時時都如是發願祈禱的話，逐漸我們的心就會轉變，因為它畢竟是有為法，以前雖然很剛強，但漸漸就會調柔，最後也會出現一些新的境界。

> 具此四種理，具備妙慧光，
> 不隨他轉智，定生四法依。
> 不具如此慧，如盲依盲人，
> 為名句易了，四依成顛倒。

《解義慧劍》真的非常好！我不管學什麼法、講什麼法，雖然自己學得不好、講得不好，但信心還是很強。

那麼，怎麼才能品嘗到顯密佛法的甘露美味呢？這必須要依靠正理的智慧，否則也享用不了；就像世間的財富雖然很多，但沒有福報的人也不可能擁有一樣。所以，必須先通達前面所講的四種正理：作用理、觀待理、法爾理和證成理，並以之再再觀察，從而產生對二諦所攝的深廣妙法不但自己明了、還能讓他人明了的勝

第七課

96

妙慧光，依靠這種不隨他轉的智慧力，就能生起堅不可摧的四依定解，從而真正品嘗到佛法的甘露美味。

我看見一些寺院，除了早晚課之外就是供佛、拜佛、念佛，根本沒有學習佛法。當然念經、供佛等善法也有很大功德，這沒什麼說的，但心中能不能真正生起佛法如意寶無比殊勝的定解呢？恐怕很困難。所以，我們一定要通過四種正理的途徑來充實相續，這樣一定能深刻認識到佛法的殊勝性。如果一點聞思也沒有，恐怕人身難得、壽命無常也很難修圓滿。

解義慧劍釋

我看見有些人，雖然皈依或出家已經多年了，但是佛教的基本道理都不懂，整天都是造惡業，這極不應理。如果我們能通達四理，那相續就會被佛法的智慧所轉，從而就能在一切境緣中堅持諸惡莫作、眾善奉行。我常想，雖然在座的各位很多都沒有獲得天眼通等境界，但是聞思的時間比較長的原因，一般的逆境恐怕很難讓大家轉變。

我剛來學院不久就回了一次家，有位領導與我一晚上都在辯論，雖然他不承認佛法，但我學了一些因明和中觀，所以在道理上他根本講不過去。但那個人很生氣，一直說「絕對不是、絕對是假的」，除此之外什麼理由都說不出來。雖然在讀中學的時候我們要得比較好，但是我們的見解完全不同，他說毛澤東很好、佛教是假的，信心沒有、因果沒有……現在想來，如果我當

時沒有學過因明和中觀，可能就很危險，因為一方面我們關係也比較好，關係好的時候就很容易為對方所轉；另一方面他當時的口氣也很堅定，也說了很多相似道理。

下面講四依：

首先是依法不依人。「這是某某上師！聽說這是法王，很了不起！」只是一個名聲。如果這個人的境界中沒有真正的佛法的話，那就是依人不依法。現在末法時代這種現象特別多，尤其是大城市裡，依法的人很少，依人的人非常多——「這是我的上師，他是某某大寺院的活佛，很了不起！」但他有沒有功德根本不觀察，很明顯這與依法不依人相違。

其次是依義不依句。法裡面有些詞句非常好，有些意義非常好，但我們應依義而不應依句。為了隨順眾生，佛法中也有一些詩詞、戲劇，但詞句並不重要，一定要取意義。那意義是什麼呢？就是出離心、菩提心等方面的正法。

第三是依了義而不依不了義。意義方面也有兩種，一種是了義，一種是不了義，但我們應依了義的意義，而不應依不了義的意義。眾生的根基不同，所以佛陀也暫時宣說了一些不了義的法要，但我們要選擇最究竟的了義法。

最後是依智不依識。了義法中有些是心識境界，有

第七課

些是智慧境界，我們要依智慧而不應依心識。心識境界的就像聞思《金剛經》和《入中論》等經論後，所產生的萬法是空性的定解，但這只是通過聞思了知了法義，所以不應滿足，還應進一步以實修來現證超離言思的智慧境界，或者說這並非究竟依靠，一定要依靠真正的智慧。真正的智慧到底是什麼樣呢？就是諸佛菩薩現量所證之遠離一切戲論的大空性，或者說淨等無二的實相。對凡夫人來講，不依心識不太可能，但一定要知道終極的目標，千萬不要止於化城。

解義慧劍釋

所以，大家一定要通過四種正理在相續中生起勝妙的智慧，依憑這種不隨他轉的智慧，就一定能生起誰也無法轉變的四依定解。否則，「不具如此慧，如盲依盲人。」如果沒有具足不隨他轉的智慧，這個人就很危險，就像盲人依靠盲人一樣，很可能墮入懸崖當中。拿現實生活來說，如果自己不具足上面所講的四種正理及其作用四法依，就很可能人云亦云，像薩迦班智達所說的那樣：「智者自觀察，愚者隨聲奔。」愚者的話，他沒有什麼正理，聽說這個上師很好，就跑到這個上師那裡去；聽說那個上師不好，是假上師，他就馬上開始誹謗，這非常可怕。

我去廣州的時候，有一個居士這樣說：「有些人說這個上師很好，當我們去那裡依止兩三天後，好多居士卻說這個上師不好，那個上師好；當我們依止那個上師

三四天後，別人又說這個上師不好、那個上師好……我現在也不知道怎麼抉擇？上師非常多，好的人很多，不好的人也很多，我現在應怎樣抉擇？您給我開示、開示。」但這樣開示也很困難，如果自己有智慧，就不會管別人說什麼，只是按經論所講的內容去抉擇就可以了。

現在有些人，因為這個人名聲很大而去依止，這是依人不依法；有些喜歡優美的詞句，如華麗的詩文或美妙動聽的歌曲等，很多人只聽這些、根本不修行，這是依句不依義；義有容易通達的不了義法和心識對境，以及不容易通達的了義法和智慧對境，可是我們很多人不依智慧對境、也不依了義的法，只依心識對境和不了義的法。如果這樣，那就有四依顛倒的過失，但四依不容顛倒，這是無諍的事實。

《解義慧劍》文字不多，只有104個頌詞，但卻非常深。很早我就有這種想法：如果給大家傳講，肯定有很多人會從中獲得非常大的利益。但光是在課堂上講一下肯定不行，希望你們把科判、頌詞和講義三者結合起來，一步一步地分析，比如：勝義諦是哪些？世俗諦是哪些？勝義諦裡面，真勝義諦、假勝義諦是怎樣分的？世俗諦當中，真世俗諦和假世俗諦是怎樣分的？它們之間是什麼樣的關係？這樣分析之後，心就會被真正的智慧所轉，從而生起牢不可破的定解。到那時，不要說世

第七課

間普通人的歪理邪說，就是世間最頂峰的科學理論，也不可能動搖我們的信心和定解。在這個基礎上再不斷修持，佛法的奧義就會通達。否則，只是表面上學一點，那實際的收穫就不一定很大。因此，大家一定要對這樣殊勝的論典認認真真地學習。

遇到這樣殊勝的佛法，不知你們有什麼感覺，我覺得這就是真正智慧中所流露出來的最了義、最精華的醍醐，我們有幸聞思修行，這就是最大的福分。所以，在擁有這樣殊勝機會的時候，大家千萬不要空過，一定要再三思維；既要關心自己的今生來世，又要想到眾生的利樂和痛苦，這樣的話，我們的修行就會成功。否則，學的人多、成的人少，這就是末法時代的通病。

因此，大家始終都要祈禱上師三寶，並反覆思維這樣的妙法，學到一點點的法都要出離輪迴、利益眾生，這樣我們的人身就有實義。真的，在這個世間哪怕只住一年，甚至只住一天，對我們來講，這樣的生活也有意義。如果整天都混日子，那就毫無實義。那天有一個人說：「你同學當中混得最好的，是不是那個人？」我開玩笑說：「我的同學全部天天都在『混』嗎？不要這樣侮辱他們。」其實也是，世間人真的就是混日子，得過且過。希望大家千萬不要混，不要把思維全部都放在吃飯上，除了三頓飯以外什麼都不考慮，一定要想怎樣利益眾生、怎樣修行成功。

第八課

下面繼續宣講彼之作用四法依，總說前面已經講完了，現在講別說。

己二（別說）分四：一、不依人而依法；二、不依句而依義；三、不依不了義而依了義；四、不依心識而依智慧。

庚一、不依人而依法：

> 是故不依人，而當依正法，
> 由說理成道，解脫說者非。

對於四法依，如果從正反兩方面來算，就有八種，即四種依止和四種不依。另外，大家在學四法依的時候一定要搞清它們的次第，前面也講了次第絕對不能混亂。

首先是不依人而依法。這一依，我等大師釋迦牟尼佛在有關大乘經典中講得非常清楚，所以大家一定要做到。在末法時代的時候，依人不依法的現象非常嚴重，所以首先宣說依法不依人。大能仁釋迦牟尼佛之所以為眾生宣說種種妙法，就是因為除了妙法之外並無其餘解脫的道，如果有人想依靠個人的威力來獲得解脫，這恐怕不太現實。當然，在禪宗和密宗的歷史上，也有極個別根基成熟且有夙緣的眾生通過表示法獲得了證悟，但

所謂的表示法其實就是一種方便法，可見除了法以外，能獲得解脫的道根本不存在，所以欲解脫者一定要依止正法。

佛陀也說：「我為汝示解脫法，當知解脫依自己。」這個教證有不同的翻譯，但意義基本上都相同。大慈大悲的佛陀為眾生開示正道的時候說：大家一定要了知，我只給你們宣說解脫的妙法，即轉三次法輪或宣說八萬四千法門，但能否解脫完全依賴自己。佛陀還說：「諸佛無法水沖罪，眾苦親手亦不除。」意思是，三世諸佛也沒辦法用水沖洗掉眾生的業力，眾生無量無邊的痛苦佛也無法親手遣除。「自之證悟非移他，說寂法性令解脫。」這是說，佛陀雖然有盡所有智和如所有智等無量無邊的證悟，但也不可能將這些境界直接轉移到眾生心中，佛陀唯一依靠宣說佛法令眾生獲得解脫。《大圓滿前行》也講，無論任何一位上師，他都沒辦法像扔石頭一樣把弟子扔到清淨剎土；上師通過大悲心為弟子指示正道，弟子則依精進修持獲得解脫。其實，這些都是在宣說依法不依人的道理。

現在很多人只是聽別人說，這人是誰認定的活佛，他是如何如何了不起，然後就去依止，這並不合理。因此作者才說，與教證理證不相違的妙法才是解脫的唯一階梯，而並非是說者。本師釋迦牟尼佛也是要求我們依止正法，並沒有說「你天天給我燒茶、做飯……我就有

解義慧劍釋

辦法讓你解脫」。現在藏傳佛教的個別大德，他們對身邊的弟子從來不傳一句法，甚至反對弟子學法，整天只讓弟子給自己做事情，看到這種情景，我就有一種心酸的感覺。如果真正是大成就者，像攝受米拉日巴的馬爾巴羅扎那樣，倒是可以，但馬爾巴羅扎也是在遣除了米拉日巴的業障之後為他宣說妙法，米拉日巴最終也依之獲得成就，所以沒有得到正法之前，想獲得解脫非常困難。這一點，現在大城市的很多居士，包括學院極個別道友還不明白。

當然對上師有信心非常好，這在有關經典、續部當中也一再強調，為什麼要對上師那麼尊重、恭敬呢？原因就是依靠上師才能得到解脫的妙法，而依止不宣說妙法的上師，這種依止方法在經續中好像從未宣說過，因為依止上師的目的就是要獲得解脫的正道——妙法。佛陀在有關經典中也說：「就像黃金要通過切斷、火燒等十六次提煉後才能變成純金一樣，對我的教言也要詳細觀察後才可接受，你們不要以我是佛陀就對我恭敬。」連佛陀都說要通過法來產生正信，那何況其他人？因此，大家一定要好好觀察自己的行為，尤其依止方法千萬不能搞錯。

人身非常難得，在短暫的人生當中，是做有意義的事情還是沒有意義的事情？這一點主要依賴於自己，故大家一定要懂得如理取捨。可能是語言方面的障礙，或

者是對教理不一定很精通，有些上師想對弟子作一點有意義的事情也沒辦法，只好讓弟子天天作火供。當然，作火供也很好，這畢竟是佛教的一種儀軌。但作火供只是布施鬼神的一種方法，你天天只是布施鬼神，能不能得到解脫也很難說。因為，獲得解脫的唯一因，就是自己必須通達正法的意義，並進而實際修持，最終真正通達心的本體。所以，大家觀察自己的身心一定要仔細。

何者若善說，說者縱如何，
如佛為化眾，幻現屠夫等。

如果說法者所說的法與如來密意不相違背，即不違三藏十二部的核心：「諸惡莫作，眾善奉行，自淨其意，是諸佛教。」也不違大乘的根本要求——利益眾生，這就是所謂的善說。其實，所有高僧大德的語言都具有善說的法相。如果所說皆為善說，說法者的形象就不必考究，他既可以是在家人、也可以是出家人，可以是行為如法的、也可以是行為不如法的。

以前，印度大成就者中的佛智論師，他在前往五台山的路上遇見了一位在家僧人，這位僧人正帶著醜陋的妻子在田裡耕耘，當時他將裙子拴在腰間、法衣纏在頭上。佛智論師見了以後就略生邪見，認為這個僧人所做的一切都不如法。晚上上師（在家僧人）給他灌頂的時候，莊嚴的文殊壇城顯現在面前，但他不想在上師面前得受灌頂，卻想在本尊前灌頂……因為他最初對上師略

解義慧劍釋

105

生邪見，未吃母狗吐出的魚，並在壇城前捨棄上師，所以即生未能成就虹身，而是在中陰時獲得了超凡脫俗的成就。上師的形象雖然是這樣，但他依靠上師的說法和灌頂也獲得了成就。所以只要所說是正法，就不應分別說法者的形象。

以前，夏瓦日巴尊者也是以獵人形象度化眾生，有些弟子也在即生獲得了金剛持的果位。還有寂密論師，曾在一個河邊見到六個妓女在沐浴，當她們躲在一堵牆壁後面嘰嘰喳喳說一些話的時候他去偷聽，結果卻聽到她們在講一些密宗的要訣，這時才知道她們是空行母化現。後來他到一個酒店去，賣酒的女人也是當下變成了金剛瑜伽母，等等。印度大成就者中，有些是妓女、有些是屠夫、有些是獵人……有各種各樣的形象。所以，只要說法者所說的法完全符合釋迦牟尼佛的密意，就不應在乎他們是在家、出家，甚至屠夫、妓女。

前一段時間我說過，我們想培養一批居士法師，我覺得這應該符合教理，因為歷史上也沒要求法師一定要出家人。雖然「居士法師」這個名稱以前不一定用過，但我想在在家人面前完全可以用真正了解佛法的居士宣講佛法。我今天也一直在想，外面的居士再學三四年，基本上能學幾部論典，通過對他們的人品、智慧等各方面有所了解之後，應該可以在各個城市中選一部分居士當法師。剛開始的時候可能有人會說：「這在歷史上從

來都沒有過，哪有居士法師？居士可以叫老師，不能叫法師。」但我想，如果真正能宣說正法，那不管是居士還是出家人，都可以叫法師。

在這方面，我們應追隨佛陀的足跡，佛陀不但示現屠夫等形象來調化不同根基的有情，而且在因地時，世尊也曾在食肉羅剎等眾生面前聽聞過佛法，這樣的公案相當多。在《釋迦牟尼佛廣傳》中就有這樣一則公案：久遠之前，釋迦牟尼佛曾為梵施國王，他總喜將自己的財富全部布施。有一次，他發現一身相醜陋之食肉鬼正於面前虛空中跏趺而坐，食肉鬼見到梵施國王後說：「我過去曾於佛前聞受過佛法，你若願意聽聞，我可向你傳授。」

梵施國王聞言喜不自勝，他急忙說：「大食肉鬼，你快快宣說，我極欲聽聞。你需要何等賞賜，我均可滿足。」食肉鬼於是列出條件：「我要你最珍愛之自身、妻子、兒子，將這三者全部給我後，我才可為你傳法。」

梵施國王不禁問道：「你要我們三人有何用途？」食肉鬼毫無愧色答道：「我要吃！將其食畢我才說法。」國王看看右邊的兒子、左邊的妻子，正欲下定決心之時，食肉鬼催促說：「快快給我，交與我後你即可聽聞從輪迴中獲得救度之勝法。」食肉鬼此時已從國王表情中了知他欲捨棄身軀及妻兒之決心，於是他宣說

道：「自他欲得樂，勿造諸惡業，凡愚樂不善，今生來世苦。」國王聽罷深感希有，他想：為得此偈，即便將恆河沙數妻兒捨棄也難抵其值。想及此，他便從坐墊上起身，右手抓住兒子準備將其奉獻⋯⋯這樣的事蹟在佛陀的傳記當中非常多。上師如意寶在講《釋迦牟尼佛廣傳》的時候，曾這樣語重心長地說過：佛陀在因地的時候，為了這麼一個偈頌，連自身與妻子兒女都不顧，可是現在末法時代的人，為了更深的密法也不願意付出一些代價，這就是末法時代的惡相。

所以大家一定要想，既然自己的目的是獲得正法，那無論說法者是什麼樣的人，也不管他的形象如何，只要宣說的是正法，就應該接受。從古代印度大成就者的傳記中也看得出來，說法者的形象不一定要非常如法。按照《地藏十輪經》的觀點，破戒比丘傳授符合三藏的妙法，也是開許的。可見，只要對眾生有利，說者形象並不一定要非常如法。

所以，個別道友不要整天都看法師的過失：「這個法師長相不太舒服，瘦瘦的，我不願聽他講法。」「那個法師胖胖的，看起來也不太舒服，我也不願意在他面前聽法。」「另外一個法師在某一個時候⋯⋯」分別念特別重。我看有些人，看法師的過失有一千隻眼睛，看自己的過失連一隻眼睛也沒有，用如此染污的心對著法師有沒有必要，你們用教理好好觀察一下。其實，不管

任何法師，包括輔導員，他們給你傳一句法的恩德，今生來世都難以回報。我是這樣的，在自己一生當中，哪怕是四句以上的偈頌，給我念傳承也好、給我輔導也好，對這些法師我都與根本上師無二無別來對待。以前是這樣的，以後也會如此，這樣的話，自己會得到利益。當然作為凡夫人，永遠都不看法師的過失，這一點相當困難，但千萬不要失去對治。

我以前也說過，對於安排的法師，你們不要想這個人怎麼樣，應該想他口中所說的就是釋迦牟尼佛所傳下來的法，這樣才會有一個正確的態度。比如說，賣東西的人好不好看並不重要，買到好東西才關鍵。但現在的人並非這樣，要看服務員好不好看，如果服務員好看，就到那裡去買。漢地的餐廳，老闆一定要選好看的服務員，服務員若好看，顧客就會多一點。如果選法師也選好看的，就不一定合理。聖天論師只有一隻眼睛，但整個三界都能照見。在藏傳佛教的歷史上，布頓大師的長相就很難看，但他精通三藏。所以長相不是很重要，一定要能為人師表，口裡面所說的法是以大悲心和智慧所引發，否則要引導眾生也很困難。總之，只要所說的詞句符合教理、對眾生有利，我們就應樂意接受，而不應計較這是什麼樣的人口裡說的。這些問題希望大家記住。

解義慧劍釋

另外，佛陀為了度化眾生，在不同眾生面前也有不

同顯現。智悲光尊者也說，在六道眾生面前，有六道本師的顯現。就是在旁生道，飛禽裡面也有佛陀化現的飛禽，水生動物當中也有佛陀化現的魚、蝦等……可見，佛陀示現什麼樣的形象根本無有定準。以前文殊菩薩也化現名為「達西」的豬來度化眾生，所以聽法者對所有說法師都應觀清淨心，就是在密宗中，這也非常重要。

違大乘義說，說者縱現似，

賢善亦無益，如魔化佛陀。

大家都知道，大乘的教義自始至終都是大悲心和空性：在勝義中一切萬法無我，在名言中全部以大慈大悲的菩提心來攝持。如果其所說的法完全與大悲心和空性相違，那說者顯得再怎麼樣如法、再怎麼樣賢善慈悲，我們也不能依止。比如說，一個上師外在的行為的確是十二頭陀行，但他所說的法全部是讓眾生殺生、偷盜，那能不能依止呢？肯定不能。《楞嚴經》也說，末法時代魔眾會顯現為善知識的形象，讓眾生犯淫殺、行盜妄等，所以佛告誡後來的修行人：一定要守持清淨的戒律。由此也可理解依法不依人的重要性。

現在這個世界，有些人表面上看起來好像是善知識，但實際上全是以自私自利而做事情，或所作的事情對眾生只會有害處，那我們就不應該相信他，更不能依止。有時候魔王波旬也會化現為佛陀的形象來說法，但他畢竟是魔，根本說不出善妙的教言。現在末法時代，

第八課

110

邪師說法如恆河沙，各種各樣的形象都有，當然這在有關經典當中佛陀早就已經作過授記。拿穿著來說，有些人穿著漂亮的衣服來引誘眾生，有些人穿著破爛的衣服來扮演瑜伽士，等等。以前阿底峽尊者來到藏地的時候，藏地很多僧人穿著各種衣服來迎接他，但尊者卻說：「藏地的魔鬼來了。」就像這樣，現在很多人到了漢地也穿著各種各樣的衣服。

所以，對表面行為看起來很如法，但所說的法完全與佛經論典相違背的人，我們千萬不能接受，因為這相當危險。以前，有位大德講了這樣一個比喻，說：在天氣特別熱的時候，有人看見遠處有一處涼蔭，於是急忙趕往那裡，但近前一看，所謂的涼蔭只是一條毒蛇，不但乘不了涼，反而還有生命危險。同樣的道理，我們原來認為這是慈悲的善知識，並一直跟著他，所有的財產也全部供養給他，但到時候想扭轉過來就非常困難。就像有些學法輪功的人一樣，身心付出了極大的代價，但結果卻非常可憐。所以依法不依人很保險。

解義慧劍釋

總之，我們所要依的，就是本師釋迦牟尼佛所宣說的佛法，這樣的佛法哪一個善知識有，我們就應前去依止，這是最保險的。如果依止人，而人又有各種各樣的情況，那就很危險。所以，大家對依法不依人的道理一定要生起誠信。

庚二、不依句而依義：

> 聞法而思維，依義不依句，
>
> 通達所詮義，何說皆無違。

前面講依法不依人，但法分為詞句上的法與意義上的法兩種，比如說大悲心，它的真正意義是內心緣一切眾生所產生的無上悲心，而詞句只有文字，也就是「大悲心」。但有些人認為詞句就是法本身，所以聽聞以後一直耽著詞句，對它真正內容根本不去觸及，這非常可憐。所以，在善知識面前聽聞佛法以後，還應詳詳細細地思維，一定要通達它的意義，而詞句並不是很重要。因為不管詞句美也好、不美也好，這對解脫並不重要。如果我們是歌手，或者要聽歌，就要看唱得好不好聽，但我們現在是想獲得解脫，所以詞句並不是很重要，而詞句所表達的所詮義才至為關鍵，因此一定要通達意義。

所詮的意義如果已經通達，那通過什麼樣的方法來表達都可以，好聽的語句也可以、不好聽的語句也可以，用四川話表達也可以、江蘇話表達也可以。話不重要，不管是寧波話還是四川話，或者說藏語或漢語，這都不重要，關鍵是它的意義能不能通達。比如說大悲心，用什麼樣的語言來表達都可以，但我們一定要懂得它的含義；如果沒有通達，那詞句再好聽也沒有用。所以大家都應遵守第二依——依義不依句。

第八課

為了義欲說，命名而知彼，

復勤戲論句，如得象尋跡。

　　一般來講，世間中首先是為了了達某種法的意義，然後命名老人才對它取名，並進而運用、分析。至於怎麼樣取名、怎麼樣詮說，我們在講《量理寶藏論》第五品----觀能詮所詮的時候已經詳細講過。任何一個法都是為了通達它的真正意義才給它命名的，如果通過運用名稱已經明白了意義，那詞句好與不好都沒關係。因為，詞句好內容就好，詞句不好內容就不好，並沒有這種說法。

　　如果像勝論外道所認為的那樣：依靠物質的力量來運用名詞或名稱，那物質的質量好一點，它的名稱就會好一點；物質的質量差一點，名稱就會差一點。這樣的話，漂亮的人就有好的名字，難看的人就有不好的名字，但世間往往不是這樣，甚至相反。所以，名稱跟人不一定有無則不生的關係。

　　因此這裡說，如果我們以任何方式已經通達了它的意義，那詞句的戲論或者說對詞句的各種耽著都可以不關心，因為該得到的已經得到了。比如「現空雙運」，通過任何一種語言已懂得了它的意義，這就可以了。又比如「大悲菩提心」，不管我以什麼樣的方式來表達，你已經懂得了它的含義，我說法的目的就達到了。這不僅是我說法的目的，釋迦牟尼佛轉法輪的目的也是讓眾

解義慧劍釋

生通達它的意義，只不過暫時依靠詞句的戲論而已。如果完全通達了它的意義，還需不需要詞句呢？一點都不需要。就像一個人丟了大象，最後大象已經找到了，但他還要千辛萬苦在別的地方去尋找牠的腳印，這有沒有必要呢？根本沒有必要，不然是非常愚癡的行為，多此一舉。同樣的道理，我們通過任何一種方式已經懂得了它的意義，這就可以了，這一點非常重要。

《般若經》中也有這樣的說法：《般若經》乃一切佛經的根本，如果捨棄《般若經》再去尋找其他佛經，那就根本找不到，這就像沒有樹根還去尋找樹葉一樣，是不現實的事情。因此，分別念永無止境，沒有必要再增加，到一定的時候，一定要通達它的內在含義。

耽著詞句繁，妄念增無盡，
由此背離義，凡愚徒勞因。

如果我們一直一味耽著詞句，不斷增長妄念，那就會完全離開原來的本意。但世間愚癡的人卻經常這樣徒勞無義，一輩子都在咬文嚼字，整天都在研究、探討。我有時候看見一些學術界的人，覺得他們特別可憐。比如我們說「菩提心」，他就會問：「菩提心在《奧義書》裡面有沒有記載？印度歷史上有沒有記載？在藏傳佛教歷史上是什麼時候來到藏地的，在這個時候有多少學者有不同觀點？按照考古學應怎麼承認？唯物論怎麼承認？……」每天都一直這樣增加戲論，最後墮在雲裡

第八課

霧裡不知方向，非常可憐。當然，沒有詞句要想知道所表達的內容，確實有一定的困難，但是通過詞句明白了它的意思就可以了，沒有必要一直糾纏。

為什麼禪宗講不立文字？這也有其甚深密意。《壇經》云：「志略有姑為尼名無盡藏，常誦《大涅槃經》。師暫聽即知妙義，遂為解說。尼乃執卷問字，師曰：字即不識，義即請問。尼曰：字尚不識，焉能會義。師曰：諸佛妙理非關文字。」實際上六祖完全已經大徹大悟了，只是為了打破眾生對相的執著，才如此示現而已。其實不立文字的說法在無上大圓滿中也有，全知無垢光尊者在《七寶藏》中對文字的戲論就有著重的辯駁，《如意寶藏論》關於這方面的道理就非常多，如：依靠宗派而增加分別念、依靠辯論而增加分別念、依靠各種文字或詩學而增加分別念……這些都沒必要。所以，一切學佛者應將通達意義放在首位。

解義慧劍釋

但現在世間上的人並不是這樣，他們只看文筆好不好、措辭優不優美、詞語搭配是否得當，整天都這樣分別。有時候讀一篇文章，也一直在文字上找毛病，或者在文字上讚歎，對所講的內容一點都不靠近，這種情況非常多。

因此，學習佛法的時候，大家一定要懂得：不能依靠人而要依靠法，法有文字上的法、意義上的法，我們一定要依靠意義。諸佛菩薩、高僧大德所證悟的意義非

常深奧，不說現空無別這樣高深的境界，就是無我、無常等小乘行人一心修持的道理，如果在內心當中真正慢慢去體會、修煉，也會讓我們受益匪淺。真的，如果將無我、無常等道理貫穿到實際生活當中，那很多痛苦和煩惱都會頓然消失無餘。

現在很多人每天都在增加分別念，各種各樣，沒完沒了，其實這就像小孩堆砌沙屋一樣，最後自己也根本不知方向。即使出家已經當了很多年和尚，如果天天都是增加分別念，而沒有在意義上下功夫，那也修不成。為什麼有些出家人還俗，最後還生邪見？這就是沒有在意義上下功夫的原因導致的。如果對上師所講的教義每天都在意義上好好思維，肯定你的相續會有所改變，但世間凡愚卻背離了真正的意義，這非常可憐。為什麼很多人的分別念一直增加，其原因就在於此，因此大家一定要在意義上下功夫。

第八課

用樹之一詞，境等外無止，
僅此亦知彼，名言必要已。

如果在意義上沒有下手，光是從文字上尋找它的答案，那就有很大的困難。用一個比喻來說，比如「將樹拿來」，那就會：是東方的樹還是北方的樹？是南方的樹還是西方的樹？如果是北方，那是東北還是西北？……從方向上講也沒完沒了。從時間上講，是未來、過去還是現在？如果是未來，那是明年還是後

年？……這樣尋找也是無邊無際。從行相上講，是檀香樹還是沉香樹？或者說是柏樹還是松樹？即使是檀香樹，那它是白檀香還是紅檀香，或者說是綠檀香？……從行相上講也無有盡時。這樣算下去，最後始終得不到真正的結論，因為永無止境之故。

其實我們是通過名言來了知，那使用名言的必要是什麼呢？就是在意義上下功夫，這也是命名老人對世間萬物都有一些名稱的原因。既然這樣，那就應該像講因明的時候那樣，總相自相混為一體而進行取捨，只要對方了解了意義就已經可以了。否則，事物的真正本體永遠也得不到。因此，任何一個法包括佛法，在辯論、分析的時候，大家千萬不要在詞句上跑，因為這樣根本得不到實際的結論。如果你在內容上真正有一種感覺，或者說有一種感受或感悟，那詞句不管怎麼樣表達都可以。

我發現「講考班」講考的時候，有些人對內容完全都懂，詞句表達卻不是很清楚，一看表情：「噢，內容完全懂。」而有些嘴巴特別會說，還經常用成語，但一直在詞句上劃，根本不是從內容上真正通達。那麼，我們現在需要什麼呢？就是在內容上了解，即自己有一種感覺、有一種收穫。背誦也是這樣，如果內容已經懂了，再過幾十年也不容易忘記；如果內容一點都不懂，雖然像念觀音心咒一樣背得特別快，但過段時間以後忘得也特別快。所以依靠內容非常重要。

手指示明月，愚童視手指，

唯耽句愚者，想知亦難知。

　　如果我們一直耽著詞句，那就不合理，因為詞句僅是表達內容的一種方法。下面用比喻來說明這個問題，一位母親給可愛的孩子指示明月，說：「好孩子！你看那彎彎的月亮、圓圓的月亮，它的顏色和形狀多麼美啊！」但傻傻的孩子只看母親手指，根本不看空中的月亮。其實母親的目的並不是，我的手指怎麼樣好看，但是孩童一直認為：母親的手指很細、很白、很好看，始終這樣耽著。母親的手指是月亮合不合理？不合理。或者說母親的手指是彎彎的，所以這就是月亮，有沒有這樣的道理？沒有。同樣的道理，我們用詞句來表達佛法的時候，愚者一直耽著詞句，這也不合理。

　　麥彭仁波切也描繪了有些愚者的形象：說空性的時候，他認為是碗裡沒有水一樣的單空；說光明，他認為是明明亮亮的一個東西；說現空雙運，他認為就像黑白的繩子搓在一起一樣。一直這樣耽著戲論的話，永遠也沒辦法通達法界實相。同樣的道理，如果我們沒有通達詞句所表達的意義，而一直耽著詞句的話，那就會像前面所講的愚童一樣，最需要了知的道理一點也不能了知。《量理寶藏論》也說，別人以手指指示虛空的時候，愚者一直看著手指，認為他的手指就是虛空，其實這是非常愚癡的一種行為。所以，我們現在用一些詞句

118

來宣說的時候，大家在修行上一定要注意。

對麥彭仁波切於此所講的四依法，大家一定要好好思維。當然因為時間關係，我恐怕沒有說到真實的內容，但這確實值得大家發揮思維的力量。因為我們現在畢竟是修學者，在修學的路途當中自然會有很多疑惑和迷惘，而這些都可以通過聞思來遣除。要遣除它們，最好依靠麥彭仁波切於本論所宣說的非常尖銳的正理。這樣以後，我們相續中的各種煩惱、疑惑和邪見就會被摧毀無餘。

如果沒有這樣，想真正了知意義就非常困難。比如一些學過詩學的人，或文筆比較好的大學生，如果在讀佛經的時候，一直看文字怎麼樣：詞用得對不對、前後句子的關聯是否得當，在讀完之前一直這樣想，那他將經文所表達的內容完全都放棄了。改考卷的時候也是一樣，如果有些文筆比較好一點的，一直想答者的文筆如何，根本不關心所表達的內容，那就放棄了最重要的事情。

所以，我們以後在學習佛經或高僧大德的論典的時候，不要一味執著這個詞句好、那個詞句不好。畢竟有些大德的教言在詞句上並不是特別流暢優美，但意義上卻無比殊勝。藏傳佛教有這樣的教言，法王如意寶也說過：有些上師可能前世今生都學過很多教理，像全知麥彭仁波切和全知無垢光尊者，他們的文字讀起來非常

好；而有些伏藏大師，顯現上好像比較笨，但他們所表達的內容完全是證悟後流露出來的金剛語。我也看過很多漢藏兩地高僧大德的著作，比如禪宗、淨土宗，還有自宗的傳承上師，雖然有時候認為，讓我表達可能會寫得更好，比如在這個地方就可以用三四個成語，但我的成語完全是糠秕，或者說是表皮上的東西，並沒有實在意義，而他們的金剛語卻有甚深內涵。所以，我們一方面要摧毀自己的傲慢，另一方面，前輩高僧大德真實具有加持的教言精髓一定要樂意接受。

第八課

第九課

現在繼續講四法依，前面講了不依人而依法和不依句而依義，下面講不依不了義而依了義。這是第三個問題，也就是說意義分了義和不了義兩種，我們應該依了義而不能依不了義。

庚三、不依不了義而依了義：

> 悟入意義時，知了不了義，
>
> 不依不了義，而當依了義。

在悟入釋迦牟尼佛所宣講的八萬四千法門意義的過程中，大家首先要知道哪些是了義、哪些是不了義。因為佛陀也講過，他講的法中有一部分是了義的法，有一部分是不了義的法，所以我們一定要依止善知識深入聞思經論，務必弄清它們之間的界限。《讚不可思議中觀論》云：「諸法之空性，亦稱為了義；若說生滅等，有情生命等，世俗不了義。」意思是說，一切諸法之本性——遠離四邊八戲的空性勝義諦是了義，而生、滅、有情、生命等世俗諦是不了義。全知麥彭仁波切在有關論典中還這樣講，從第二轉法輪的角度來講，勝義諦是了義，世俗諦是不了義；從第三轉法輪的角度來講，現相和實相統一的境界叫了義，現相和實相不統一的境界叫不了義。大家在分清了義和不了義的基礎上，還應依止

解義慧劍釋

了義而不依止不了義，因為不了義法只是佛陀為了引導某種根基的眾生而宣說的暫時方便方法。

如果真正懂得了義與不了義，就再不會覺得佛陀的金剛語前後矛盾。現在有些講經說法的法師和一些居士根本不懂了義和不了義，他們始終認為：佛陀在這裡說此法存在，在那裡卻說這個法不存在，這分明是自相矛盾。無垢光尊者在《大圓滿心性休息大車疏》第八品中講，分清了義與不了義是開啟佛陀教法密意寶藏的鑰匙，正因為他們沒有這把鑰匙，所以很難開啟佛陀所宣講的正法寶藏。因此，大家一定要通過精進聞思掌握了義和不了義的區別。

對這個問題，我只不過是簡單述了一下，希望大家能參照全知無垢光尊者等大德的教言來作進一步地深入了解。

佛陀遍知已，隨眾界根意，
猶如階之梯，宣說乘次第。

大家都知道，佛陀能了知盡所有和如所有的一切萬法，也就是說佛陀以盡所有智和如所有智，能徹見勝義諦和世俗諦所涵攝的林林總總的法。正因為佛陀對三千大千世界眾生的界性、根基、意樂（想法、愛好）等無不瞭如指掌，所以佛陀廣轉法輪普攝群機，而並未用一種方法來度化所有眾生。如果一種法就能度化所有眾生，那佛陀也沒必要轉八萬四千法門，他只需要轉一個

空性法門或只勸大家念阿彌陀佛就可以了。有些淨土宗的上師說，佛陀所說的法全部是念阿彌陀佛的法，那這樣佛陀只要說一句「南無阿彌陀佛」就可以了，除此之外傳那麼多的法沒有任何必要。眾生的根基確實不相同，有些以念阿彌陀佛來度化，有些通過修行密法來獲得成就，有些則應以其他法門來引導。

解義慧劍釋

總體講，佛陀宣說了大小二乘，《無垢虛空經》云：「相合眾意樂，我說有二乘。」意思是說，相合眾生的意樂，我宣說了大乘和小乘，當然密乘也包括在大乘當中。其實，乘的劃分並非固定不變，它可以有多種多樣的安立。按寧瑪巴的觀點，因眾生的根基有九種，故佛法也分九乘，其頂峰則是無上大圓滿。但這也不是絕對固定的。《楞伽經》云：「乃至心流轉，乘邊無窮盡。」意思是說，乃至眾生的心沒有滅盡之前，乘的分類就無邊無際，即根據各類眾生的根基，便可安立各種不同的乘。對佛陀針對不同根基的眾生所宣說從下到上的不同乘，我們可以用階梯來比喻，沿著這個階梯就能一步一步到達佛法的頂峰——究竟了義。由此可見，從聲聞乘到無上金剛乘之間所有乘的安立都非常有必要。

因此大家應該明白，佛法中無論是淺顯易懂的道理，還是非常深奧的道理，都非常殊勝。雖然如此，在了不了義中，我們還是應依了義而不依不了義，這就是智者的選擇。

念及何用意，秘密意趣八，

依詞以量害，必要說亦有。

　　有人這樣想，既然佛陀在轉法輪的過程中有了義和不了義的差別，那以什麼樣的方式才能將它們區分開來呢？我們可以這樣回答：通過四種秘密和四種意趣的方式就可以將它們區分開來。

　　首先我們要知道了義與不了義。所謂不了義，就是原原本本從字面上去理解，勢必有量理的妨害；而這樣宣說的意圖或用意也很明確；且非常有必要這樣宣說。有必要、用意、以理能害三個條件，具足這三種條件的就叫不了義。反過來，不具足這三種條件的，就叫了義。

　　有人碰到解釋不清的法義的時候就說：這個法不了義，那個法不了義……我看到有些法師在講經的時候，也是一遇到自己稍微理解不了的，就斷言：「不能這樣理解，這是不了義法。」其實了義與不了義法非常難以區分，並不是這麼簡單，因為角度不同分析方法也就不一樣。要知道了義與不了義，我們還應了知四種秘密和四種意趣，不過，這裡主要從不了義的方面宣講。

　　四種秘密是令入秘密、相秘密、對治秘密和轉變秘密。首先講令入秘密：通過方便宣說讓不信上道上理的人趣入上道上理，這就叫令入秘密。比如佛陀在有些經典中說，色法等外境存在，其實，其用意是指顯現分；如果直接從字面上理解色法存在，那就有觀察無方微塵

第
九
課

的正理等的妨害；佛陀這樣宣說的必要，是為了讓聲聞乘者趣入大乘，因為一開始就講從色法到一切智智之間的一切萬法全部是大空性，他們就會因害怕而不接受。同樣的道理，佛陀在有關經典中還講補特伽羅我存在等。諸如此類的就叫令入秘密。

其次講相秘密：佛陀在相關經典中說萬法唯識、自己是自己的怙主、安立三自性……其用意是指名言萬法皆是心的幻變、依靠正知正念來守護自己是一切利樂的源泉，以及安立三法相的方式。當然，以大乘究竟了義的觀點來衡量，萬法唯心、自己是自己的怙主、安立三自性等說法都不成立，它們都有正理的妨害。其必要則為，讓唯識宗的所化眾生通過這種方式趣入佛法，然後逐漸趣入中觀正道。這是相秘密。

第三是對治秘密：有些人覺得釋迦牟尼佛並不是很殊勝，因此佛陀在有關經典中說，我那時轉成拘留孫佛。如果現在還有人覺得，釋迦牟尼佛在五濁惡世成佛的緣故，他在所有的佛當中最低劣，那就可依這種方式來對治。或者，有人輕視正法，佛陀則說如果對恆河沙數佛陀恭敬承事供養，則生起大乘的證悟。諸如此類都叫對治秘密。

最後是轉變秘密：簡單說，就是還有言外之意，比如《因緣品》云：「父母為所殺，國王二所淨，境眷皆摧毀，彼人得清淨。」表面上看父母應該殺掉，國王、婆

解義慧劍釋

羅門、沙門、眷屬都應該摧毀，只有這樣此人才能獲得清淨的果位。其實，「父母」是指行於輪迴中的愛取；「國王」是指各種習氣的所依或基礎——阿賴耶；「二所淨」是指婆羅門的壞聚見與沙門的戒禁取見；「境」是指內處及所取能取等八識聚；「皆摧毀」是指以上這些完全遣除；「彼人得清淨」指可以成佛。意思是說，如果任何一個人能將愛、取、阿賴耶和八識聚等全部摧毀，那這個人將獲得最高的解脫果位。所以大家一定要懂得這個秘密，不然你一看到「父母為所殺」，就提著刀把父母殺了，那就造了五無間罪。不但世間有言外之意的說法，佛陀為了度化某種根基的眾生，也會用這種隱藏的方式來表達。表面上應該這樣理解，其實也並不是這樣，因為所謂的意義有外意、內意、密意、極秘密之意等諸多分類，所以我們一定要了達這種表達方式。

第九課

　　下面講四種意趣，即平等意趣、別義意趣、別時意趣和補特伽羅意樂意趣。所謂平等意趣，指諸如世尊立足於法身平等或一切萬法在法界中平等的用意，而說我爾時成為拘留孫佛；其必要則為斷除輕蔑佛陀；但並非建立一個相續，否則就有正理的違害。其實，從法界平等的角度來講，不僅釋迦牟尼佛與拘留孫佛無別，就是所有眾生與佛陀也無二無別。這是平等意趣。

　　別義意趣與前面講的相秘密相同。

　　所謂別時意趣，比如念一句咒語或佛號當下就能成

佛，其實並不是真正當下就能成佛，而是指過了一段時間或因緣成熟後才能成佛。有些人可能這樣想：「念阿彌陀佛的名號能往生極樂世界是不是也是別時意趣？很可能這是不了義的說法。」其實，這種想法是錯誤的。以前法王如意寶講經的時候，嘎多堪布說：「往生西方極樂世界可能是不了義的說法，這應該屬於別時意趣當中。」後來法王狠狠地批評，還講了很多道理，因為念佛往生極樂世界並不是別時意趣當中的不了義法。前輩大德中，如竹慶仁波切和麥彭仁波切等，在這方面有很多教言，以前學《淨土教言》的時候我也講過這方面道理。所以大家千萬不要認為，念佛往生是別時意趣，今生根本不能往生成佛——所有事情都用「不了義」來亂套的話，那就非常麻煩，所以大家一定要有區分的智慧。

解義慧劍釋

第四個是補特伽羅意樂意趣，比如說，有些人覺得世間當中布施最殊勝，他對布施有特別強烈的執著，針對這樣的毛病，佛陀在有關經典中就說：布施是下等的，持戒更殊勝。有些人覺得唯一持戒最殊勝，其他善根都下劣，於是佛陀就在有關經典中或讚歎忍辱或讚歎精進。這些都是補特伽羅意樂意趣的不了義法。

在閱讀佛經論典的時候，尤其是顯宗的經論，如果我們能把了不了義完全區分開來，那對經論學習就會有非常大的幫助。否則就會像現在的很多人一樣，雖然大多數人研究經論的時間沒有、興趣也沒有，但有時間、

有興趣的個別人卻一直在雲裡霧裡，根本不知道到底哪個是真的、哪個是假的，因為他們根本不具有這方面的辨別能力和智慧。以前我講《大圓滿心性休息大車疏》的時候，就多次要求大家對這一部分一定要弄清楚，如果沒有懂得，那就會歪曲佛陀真正的教義，所以大家要給予足夠的重視。

是故四派至，究竟金剛乘，
下未證悟分，上者明抉擇，

因此，從顯宗的四派②一直到究竟金剛乘③之間，下面的宗派沒有證悟的部分，上面的宗派明明白白已經作了抉擇。就像《智慧品》所講的那樣，上上乘的智慧遠遠勝過下下乘的智慧。比如說，有部宗和經部宗所承認的無分微塵，唯識宗完全能破斥無餘；唯識宗所承認的自明自知的心識，用中觀宗的理證也完全可以摧毀；中觀宗的一些細微執著，尤其是對光明如來藏不懂的部分，依靠密宗特別是大圓滿的教言就能完全了解。

可能極個別居士對大圓滿（阿底約嘎）的信心並不是很足，其實這就是自己的業力所致，但無論如何也不能誹謗，通過如理如法的聞思，就會知道無上密法在整個教法當中是唯一的如意寶。簡單舉一個例子，顯宗只說每一個眾生的心本來是佛，而且所謂的佛，是從如來藏

第
九
課

---

②小乘的有部、經部，大乘的唯識、中觀。
③外續部的事續、行續、瑜伽續，內續部的瑪哈約嘎、阿努約嘎、阿底約嘎。

的角度來講的。但對如來藏的描述方面，雖然顯宗最了義的經典也說過，但卻像29號的月亮一樣，並沒有說得非常清楚；而到了密宗、尤其是無上大圓滿，通過上師的竅訣就能完全明白如來藏的本體到底是什麼樣。所以大家千萬不要隨隨便便誹謗密法。

> 依教理更成，見而持了義，
> 天鵝水析乳，智者遊教海。

其實，上上乘更為殊勝的道理，完全可以通過教證和理證來成立。尤其是，如果我們學過《大幻化網》等密續，那內心中一定會生起無上密法的加持，而且對無上密法的可靠性和合理性也完全能了知，所以大家都應受持密法。在這裡雖沒講很多理論，但一定要明白這樣的竅訣。

有個別人可能是沒有善知識的引導，再加上從小就遇到小乘的法，於是覺得小乘法最殊勝，而對其他了義的大乘顯宗、密宗全部排斥，這是很可憐的。現在極個別國家的部分法師，只聽過一些小乘的法，除此之外並沒有學過其他佛法，所以他們只承認小乘，不但小乘以外的法一概不研究，而且還一口否認，這非常不好。當然密宗當中也有極個別比較過分的上師，他們對顯宗的教理根本不了解，只了解大圓滿的部分道理，卻口口聲聲都說「我們才是最高的境界」。其實應該像佛陀所說的那樣：遵循次第學習。這非常好。有時候我發自內心地感謝法王如意寶，因為他老人家既給我們宣講了因果

不虛和輪迴痛苦等最基本法理，也宣說了比較深的中觀和因明，還傳講了最甚深的無上大圓滿。為什麼說現在藏地是佛法的寶地？其原因就在這裡。但是，藏地極個別法師也很片面④，他們除了懂得密宗的部分修法之外，對顯宗的了義不了義等教理一竅不通，這樣之後，他們的所作所為很有可能會遠離正法。比如有些人對因果不重視，說一切都是心的本性，沒有什麼可執著的，於是就隨便吃肉、殺生、邪淫、等等，有很多過失。

　　所以我們對佛法的次第首先要明白，然後還要了知：顯宗裡面中觀最殊勝，密宗當中大圓滿最殊勝，而且所有法當中，這些最了義、最精華的法，自己還應終生修持。就像天鵝，即使水和奶汁交融，也有能力把它們區分開來，並把奶吸進腹中。所以智者依靠自己的智慧、福報，還有善知識的竅訣引導等因緣，就可以在整個佛法大海中盡情暢遊、享受。而愚笨、沒有福報或沒有聞思過的人，他們所享受的佛法卻是片面的，這非常可惜。所以大家在聞思的過程中一定要生起定解：佛法最精華的部分千萬不能放棄。

甚深金剛乘，六邊四理印，

傳承竅訣伴，無垢理抉擇。

　　這裡講無上密宗金剛乘通過什麼樣的方式來了解。當然，密宗當中完全不了義的法是沒有的，但針對不同

第九課

_____

④當然，在藏地並沒有只受持小乘法而不受持大乘法的情況。

根基的眾生，金剛持所宣說的教義也有不同。

其實，依靠甚深金剛乘的密法，利根者即生就可以獲得成就，稍鈍的，或七世、或十六世也可以獲得成就。但現在有極個別學顯宗的人認為，密宗即生成佛或即生成就不合理，其實這種說法是對佛法的加持和道理一無所知的邪見所致。不僅密宗當中即生開悟的多，而且顯宗也有這種現象，這個問題以前也宣說過，這裡不廣說。總而言之，密宗金剛乘是一切諸乘之頂，非常殊勝、非常深奧，所以低劣根基的人很難接受。

這樣的密宗金剛乘可以通過六邊、四理來了解。前面講顯宗通過四種意趣和四種秘密來了解，而密宗金剛乘是以六邊四理來了解，也就是說這是能通達的途徑。

以前法王如意寶去印度，當時南方朗朝高級佛學院有一位仁格活佛，以講考的方式向法王作法供養。他對自宗、尤其是對密法的信心非常大，這在講考的過程中也自然流露出來。他對全知無垢光尊者和麥彭仁波切的很多殊勝教言一直讚歎，說：「我們前譯寧瑪巴的大法，不但具有六邊四理的印持，還有傳承上師的加持和攝受。」當時我們聽的人心裡都非常舒服，覺得他很了不起。

所謂六邊，是指了義、不了義、意趣說、非意趣說、文從順義、文義悖謬。一般從生起次第的角度來宣講的，叫不了義法；以有相圓滿次第的方法來宣說的，叫了義法。有意趣說是指有眾多意義，也就是有一些密

解義慧劍釋

意的說法；非意趣說是沒有任何其他密意的說法。文從順義就是世間的說法和論典的說法相符合的教言，其文字和意義完全一致；文義悖謬，「悖」是矛盾、相違，指世間不共稱、論典也不共稱的說法，比如在密宗當中，雙運和降伏就以阿拉嘎拉等其他不同名稱來表示，這就是不共稱的說法。這是六種邊。

在聞思密宗的過程中必須要通達六邊，如果六邊的法理沒有懂得，密宗的意義就很難了解。但是很多人在密宗的教理方面聞思得並不是很多，所以我在這裡廣說也沒有多大的意義。

四理就是下面講的詞義、總義、隱義和究竟義，具體內容下面會講。頌詞的意思是說，要想通達密宗的教法，就一定要具足這四種理。當然還要依靠上師的竅訣或教言，如果離開了上師的教言，那認識自己心的本性就非常困難。禪宗為什麼有這麼多開悟者呢？其實就是依靠上師的教言，或者說離不開上師的表示法。密宗也是同樣，上師的教言非常重要。由此可見，想通達密宗的教理，就必須依靠上師的教言和無垢的理證。

第九課

諸法本清淨，大等性雙融，
依憑二正量，抉擇之真義。

一切諸法本來都是大清淨和大等性的本性，也就是說這兩者本來無違雙運，這在《大幻化網》裡面有詳細宣講。當我們以顯宗的兩種正量來抉擇的時候，一切萬

法也都是平等與清淨的大雙運，也就是說，這樣的道理以觀察勝義量和觀察世俗量完全能抉擇、證實，可見密宗的所有道理以顯宗之理都能成立。因此，極個別的顯宗法師和學顯宗的人再也不能這樣認為：你們密宗以量不成立。其實，真正以因明和中觀的量來抉擇，密宗的道理沒有一個不成立。所以大家一定要堅信，密宗裡面所講的這些法，就是佛法中最精華、最甚深的部分。

> 顯宗及生起，圓滿大圓理，
> 詞總隱究竟，無違入此要。

這裡講上面所提到的四理：隨共同乘之句義，隨生起次第之總義，隨有相圓滿次第之隱義，隨無相大圓滿或隨彼果之究竟義。悟入這些要點，就會明白雙運在不同場合也有不同的理解方式，這是要義。

> 深得解了義，勝慧諸佛子，
> 持無盡法藏，教法證法幢。

如果依靠聞思與上師的竅訣，真正對顯宗密宗所宣講的道理生起了堅定不移的定解，也就是說真正理解了，那這樣的智者就像轉輪王之子一樣，是名副其實的如來法太子。即使大家對顯宗密宗所宣講的甚深道理並不能完全通達，但只要自己對上師和佛法有至誠的信心，並經常祈禱自己的根本上師，認真修持上師所傳的直指心性的竅訣，這樣的人也是「轉輪王之子」。他們都能獲得無盡法藏，釋迦牟尼佛教法中最精華、最珍貴

解義慧劍釋

的道理他們都能受持，也就是說他們是真正受持教法和證法的法幢（弘法者），就像我們上師如意寶一樣。

我有時候想，法王如意寶一生的所作所為真的不可思議，他老人家既通達顯宗又通達密宗，不但通達教理還通達竅訣，不僅通達而且還以慈悲心全部傳授給我們，而且並不是在詞句上，還具有意傳加持。遇到這樣的上師，我們一定要從內心深處生起無比的歡喜。

我想在座的道友，以後肯定會有這樣的人——不僅自己通達密法中認識心性的教言，而且還能將這種認識和證悟通過各種方式傳給下一代——這樣的人就是如來教法的真正獲得者、受持者與弘揚者。否則，光是口頭上說得漂亮，自己一點也沒有行持，不要說密宗淨等無二的見解，連顯宗基本的無常觀、出離心也沒有，那他就不是真正的弘法者，這叫做鸚鵡學舌，並非難得的善知識。

所以不管是善知識也好，或者是一般的普通道友，大家首先應該從內心當中對密宗生起堅定不移的信心，然後再通過前面所講的方式來了解密宗的教理，之後還要有上師竅訣的陪伴，這樣的因緣聚合之後，就應認識心的本性，認識本性之後還要不斷修持，如果不修，那臨死的時候恐怕也起不到任何作用。因為，我們的心在漫長的輪迴中一直被各種分別念和惡習不斷地薰染，要想從中出離，認識心的本性的境界就要得以穩固，這樣之後，我們才能成為如來教法的真正弘揚者。

第九課

第十課

　　《解義慧劍》當中，現在繼續宣講四法依。其實，在《涅槃經．四依品》裡面，四法依也講得比較廣，如果有時間大家應看一下。今天講第四個問題——不依心識而依智慧。

　　前面講，不要依人而要依法；法有言詞的法和意義的法，應依意義而不能依表面的言詞；意義有了義和不了義，我們應依了義。而了義的法有智慧的行境和心識的行境，我們應依智慧。也就是說，雖然法很了義，但了義也分兩種，一種是凡夫感官能了解的對境，另一種則不為凡夫所通達、唯諸佛菩薩的智慧能了悟，也即智慧之法。而我們真正要求的就是智慧，也就是超離輪迴的出世間法，所以，應依止智慧而不能依止心識。

　　現在世間所謂的佛法，有些是發財的、有些是治病的、有些是得名聲的，還有一些是希求暫時悉地的……這些雖然也是佛法，但想依之斷除相續中的煩惱障和所知障卻很困難，不可能依之出離輪迴、獲得解脫。如果我們所求的是真正智慧之法，那就能超越生死、斷除二障，所以大家在求法的過程中一定要注意。

　　大家也知道，佛法的來源就是上師。如果上師對出世間法、尤其出世間的智慧方面一無所知，依止這種上

師想獲得出世間的智慧也非常困難。現在末法時代，大家在依止上師方面一定要注意，最好能找到具有菩提心和空性正見的上師。如果沒有找到這樣的上師，那要以佛法饒益自己和他人就非常困難，這一點大家一定要牢記。

庚四、不依心識而依智慧：

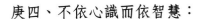

實修了義時，不依隨詞語，
分別二取心，而依無二智。

通過前面的學習，我們已經清楚什麼是了義、什麼是不了義。在通達了義之法之後，與自相續結合實修之時，也不能依止具有隨從語言分別的所取境與能取心之自性的心識，而應依止無有二取的智慧。如果在依止智慧方面有一定的困難，那我們就應退而求其次，應多看一些實修了義法方面的竅訣性開示，諸如禪宗與大圓滿的教言，這樣以後就能做到依智不依識。

現在有些人這樣說：「學習佛法不能學論，只能學經。」甚至個別高僧大德也這樣強調：

「我們只要一心一意學一兩部經典就可以了，除此之外所有的論典都不能學。」其實這種說法還是需要觀察。

以前南懷瑾先生在講《圓覺經》的時候，他強調這麼一個觀點：依經不依論。他說：「學佛應依靠經典，

至於搞不懂的名詞則應查佛學辭典。要下苦功，應一字一字地啃、一字一字地查，再配合生活中的反省檢點就會有所體會。」後來多識活佛在《愛心中爆發的智慧》這本書中駁斥他說：「既然所有論典都不可靠，那佛學辭典又怎能可靠？」他說得很有道理，因為佛學辭典是後人編寫的，並非完全是經文，甚至有些辭典的內容還特別糟糕。然後多識活佛又說：「如果不能依靠論典，那你所寫、所講的這些又怎能可靠？……」反駁得很尖銳。

其實，這些人口裡說出來的也應該是論典，如果他們的觀點成立，那他們就不應該講話了，為什麼還講呢？這分明是自相矛盾。如果論典不可靠、不可依，那歷代祖師大德所留下來的語錄典籍還有什麼用呢？可以想像這種觀點有什麼樣的過失。

按照印藏佛教的傳統，要想真正理解佛經的密意，就要依靠龍猛菩薩和無著菩薩的教言，因為他們是佛陀在佛經中親自授記的，憑自力即可解釋佛經密意的極為罕見的大德。但現在很多人卻這樣說：講法一定要講經，不能講論。當然，有些論的作者根本不具造論資格，那他寫出來的論典，我們就不能依止。但具條件的造論者所造的勝論，我們就不應否認。如果遮破了所有論典，那佛陀的教義可能誰也啃不動，因為沒有「牙齒」之故。

有緣之本性，二取自性心，

彼緣彼虛妄，不證法性義。

　　為什麼要依智慧而不能依心識呢？因為不管是執著有也好、無也好，或者執著建立也好、遮破也好，只要有所緣，其本性絕對不超過具有外所取與內能取自性的迷亂心識。由於一切世間戲論全是二取的自性，即凡夫俗子分別念的妄想與執著，因此無論如何緣取，緣空也好、緣有也好，乃至是二、非二，都經不起觀察，純是虛妄的本性。其實，見聞覺知的法都是虛妄。《楞伽經》云：「諸法世俗生，勝義無自性。」可見，世俗中生住滅的法全部是虛妄的，而遠離自性的真實勝義，絕非分別心的對境。所以只要存在這樣的虛妄分別，就不能證悟遠離能取所取的法性，因為這仍屬心識與分別的範疇，並非遠離一切戲論的實相境界。如果真正能遠離一切執著相，那就能通達諸法的法性。

　　《三摩地王經》云：「遠離是二邊，智者住中道。」意思是，遠離有無兩邊的智者才能真正住於中道，其實這也就是究竟的中觀。大家都清楚，在分別心前，空與明的執著都是可以的，比如：這些法是空性的、這些法是光明的，但在無分別的法性中，這樣的虛妄分別根本就不存在。如果有人將這樣虛妄不實的法作為最究竟的所求與目標，那就大錯特錯。就像似水的陽焰根本不能解除長途跋涉所帶來的乾渴一樣，希求解脫

第十課

者的最終所求，唯應是諸佛菩薩的無二智慧，而並非那些虛妄的執著。

在這些問題上，大家一定要好好分析，不然很有可能止於化城。雖然在抉擇最究竟見解的時候，我們學習了《中觀根本慧論》等論典，也知道一切善惡與生佛等相都要同等破除，但千萬不能永遠停在總相的狀態上，一定要通過修行真正契入，這非常重要。

下面講原因：

> 緣有實無實，緣二緣非二，
> 如何緣亦緣，緣取是魔境，
> 此乃經中說。

「緣」是「執著」的意思。緣柱子、瓶子等有實法也好，緣虛空、石女兒等無實法也好，或緣有實、無實也好，緣非有實、非無實也好，不管怎樣緣取，只要有所緣的對境和能緣的心識，實際上這就是一種執著，都是依靠有動搖的心來緣的，而且這種分別念根本不可能成為斬斷輪迴根本的寶劍。站在最究竟的立場來講，無論緣任何一個法，不管它是善法也好、惡法也好，這都是魔業，即魔王波旬所製造的事業，這在經中再三宣說過。《文殊遊舞經》云：「緣取多少，行亦多少，魔業亦爾。」意思是，緣取有多少，行就有多少，同樣魔業也有這麼多。

大家一定要認識，在最究竟的修行中，所有的緣取

和分別都是障礙。這在《楞伽經》、《般若經》等經典中都有詳細說明。《寶積經》云：諸比丘，如果有人有二取，這是魔的加持，不信大乘者也受魔這種誘惑。所以，真正的魔並不是眼睛瞪得大大的、獠牙畢露的外魔，而是內心對相的執著，這包括執著單空、執著如來藏、執著菩提心等。麥彭仁波切在其他教言中也說，從最究竟的角度來講，包括菩提心在內的一切所緣相都要消於法界；《中觀根本慧論》也說，涅槃、如來、三寶、四諦等一切的一切皆不存在。所以，一切修行人都應以最大的努力來斷除這一魔業。

> 依憑何破立，無法壞所緣，
> 見無破立解。

意思是說，諸如遮破有實法、建立無實法之類，依靠任何破立的分別念，都無法毀壞所緣的執著相；如果不破何法、也不立何法，而以息滅一切二取戲論的方式現見無有破立的法性，這時就解脫了所緣或戲論。

有些人這樣認為，因為柱子、瓶子等有實法，在用離一多因與金剛屑因等理證詳細觀察時都不成立，所以像石女兒一樣的實相單空無實法就應建立。個別論師還認為，這樣的破立就是如來密意。其實並不是這樣，因為這樣進行的破立，根本無法毀壞所有的執著相，像《金剛經》所講的破相就無法完成。所以，所有執著相都要息滅，一切戲論都應消於法界。如果誰以息滅一切

戲論的方式真正照見了無破無立，那他就見到了一切諸法的實相。

其實，《現觀莊嚴論》、《二觀察續》等顯密典籍都承許這種觀點。《寶性論》云：「此無何所破，所立亦毫無，真實觀真性，見真性解脫。」意思是說，在最究竟的時候既沒有任何所破之法、也沒有任何建立之法，一旦依靠上師的竅訣和自己的信心，真正見到了真實的法界並安住在真實的法界中，這個時候就能從三界輪迴中獲得解脫。這一點，我們從傳承上師的傳記和教言當中也可以看得出來。所以大家一定要了知，真正見到無有破立的時候，就達到了最高的境界。當然這是諸佛菩薩的行境，凡夫人只能對此生起信解，但應該發願：「祈願我能早日達到這種境界！」

離諸所能取，自然智自明，
遮諸四邊戲，此說殊勝智。

那此時有沒有什麼特殊的境界出現呢？有。因為這並不像向空中射箭或向大海扔石頭一樣一無感覺。雖然這個時候已遠離一切有無是非等邊，能取所取全都消於法界，但這是通過各別自證的方式來了知的，也就是說，其所證知的法界就是不依任何因緣造作的心性自然光明，即自然本智。其實，這就是所謂的「自然本智無住現」。

很多經典都講，這種智慧應該存在。《般若經》

云：「心無有心，心之自性為光明。」

就像太陽存在，陽光自然會積聚一樣，心的自性本來就是大光明本性。但這並不是無情法，證悟空性的時候並不是一點感覺都沒有，就像晚上睡著了一樣，此時完全了知這種境界。雖然遠離了一切執著，但是這種遠離一切執著的相，或者說遠離一切執著的殊勝境界則無欺存在。

當然，這樣的心性光明，也自然遮破有無等四邊戲論，其實這就是佛所說的殊勝智慧，即一切獲得中最殊勝的獲得。《般若攝頌》云：「獲得無死勝妙智，故此稱謂智慧度。」意謂，當我們獲得無生無死的智慧的時候，這就是智慧到彼岸，也就是真正的般若波羅蜜多。現在大家應該清楚，真正的般若波羅蜜多，並不是眾生心想「一切萬法皆為空性」的分別念，而是以自己的信心堅持不懈地修持上師教言，最後真正現證遠離一切戲論的諸法實相，這才是智慧到達了彼岸。

這樣殊勝的智慧是不是人人都能得到呢？不一定。凡夫人能不能得到呢？不能得到，尤其對中觀與佛陀的境界沒有信心的人，永遠也得不到。下面講原因：

如盲前日色，凡夫前未見，

如何思不知，凡愚皆生懼。

就像盲人，在他面前雖然有柱子、瓶子、山河大地等形形色色的色法，但是，因為沒有雙目的原因，外面

第十課

無邊無際的境相根本無法照見。同樣的道理，沒有積累資糧、對大乘佛法沒有信心的愚笨凡夫，雖然心的本體或一切萬法的本性，從來沒有遠離過他們而俱生存在，但是他們無論如何以觀現世的心來思維、觀察，也不可能了知哪怕一點一滴。

《華嚴經》有個很好的教證：「譬如生盲不見日，非為無日出世間。」意思是說，雖然天生盲人不能見到太陽，但這並不能說明太陽沒有出現於世。「諸有目者悉覩見，各隨所務修其業。」有雙目的人完全能明見太陽光芒；同樣的道理，世間人隨著自己的修行力，所得到的結果也完全不相同。一般的凡夫人就像盲人一樣，雖然有太陽出現，但一點也見不到；而聖者和與修行有緣的人就像有雙目者一樣，他們以各自的緣分和修行境界完全能照見。

不說其他，就是在座的道友，雖然大家都坐在這裡，但也有不同的結果。對大乘佛法和中觀有信心的人，對我口裡面所講的，完全能領會，而且這些內容確實能慢慢讓心得到利益；但有極個別沒有信心的人，或胡思亂想的人，可能講什麼都不知道。

其實，這樣的智慧以凡夫人的思維分別永遠也不能得到，不但不能得到，反而會特別害怕：「既然一切諸法都是空性的，一切實有的法都沒有，那善有善報、惡有惡報也全部沒有了？怎麼會是這樣的呢？是不是因果

全部都垮了？所有善惡全部都沒有了？」他的心產生這樣的恐懼。聖天論師說：「愚聞空法名，皆生大怖畏。」愚者聽到空性法的名稱的時候，相續都會生起極大的恐怖之心。

龍猛菩薩在《中論》中云：「淺智見諸法，若有若無相。」智慧淺薄的人見到諸法要麼是有的相、要麼是無的相，除了這兩者以外，根本見不到非常隱秘的諸法實相。世間中很多人特別執著相，不說從來沒有學過佛的人，就算學佛的人也是如此，這的確有點可怕。別人說：「那個人有神通、那個人發光。」他就：「真的？！」對相特別執著。稍微有一點發光，或者說身上出汗，他也會覺得希有。其實這並沒有什麼。

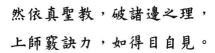

然依真聖教，破諸邊之理，

上師竅訣力，如得目自見。

既然凡夫愚者就像盲人見不到任何色法一樣見不到實相，那是不是一切法的本來面目就根本見不到了呢？絕對不是。自古以來證悟法性而開悟的高僧大德比比皆是，這通過他們的傳記也可以看出來，同樣，只要我們追隨他們的足跡，也一定能見到萬法的自性。

我們要依靠什麼呢？要依靠佛陀的聖教，尤其是了義的經典，如《般若經》、《寶積經》、《楞嚴經》等，這些不可缺少，這是第一個。

第二個，是破除一切邊的理證，這在龍猛菩薩的

《中觀根本慧論》、聖天論師的《中觀四百論》、月稱論師的《入中論》等論典中都有詳細宣說。這些論典所闡釋的，完全是作者本人以及前輩理自在無與倫比的智慧結晶——破除一切邊的殊勝正理。

除了依靠了義經典和破一切邊的理證之外，還要依靠傳承上師的竅訣，如華智仁波切、麥彭仁波切、法王如意寶等傳承上師所留下來的珍寶要訣。顯宗也有竅訣，密宗的竅訣更不用說，從蓮華生大師一直傳到法王如意寶，代代相傳的口訣如純金般清淨無染，依靠這些竅訣的力量，一切萬法的本性就非常容易見到。的的確確，禪宗修行人通過這種方式獲得開悟，密宗行者更是如此。

所以在座各位，在對上師三寶有信心的基礎上，還應依靠佛陀的經典、破除一切邊的理證以及傳承上師的竅訣，三者缺一不可，依靠這三種因緣，我們就能通達遠離二取的本來面目。

現在有些人說：「只要讀經就可以了，不懂的地方多啃一啃。」沒有上師的竅訣，你肯定啃不動；沒有高僧大德的理證，查辭典也不行。所以，完全依靠自力非常困難。不要說我們，學過《入中論》的都知道，月稱菩薩還說，他通達甚深的法也要依靠聖教和理證，以及龍猛菩薩所宣說的教言，依此才創作了《入中論》。既然月稱論師都需要經典、理證和竅訣，那我們將其他高

僧大德的論典和竅訣全部拋之腦後，只靠經典，就非常困難。所以，想見到萬法實相者，一定要在聖教的基礎上，再再依靠理證與竅訣，這樣才能獲得預期之果。

其實，在凡夫地的時候也能見到喻智慧，也就是說，與聖者所見相似的境界也能見到。麥彭仁波切在《定解寶燈論》中也講，雖然我們現在是凡夫俗子，但是通過上師的竅訣，自心的光明基本上能以遠離四邊八戲的方式照見。這是講，在未得一地菩薩的時候也有這種可能。當然，如果已經得地，那就完全能品嘗到佛陀所宣說的真正教言美味。

爾時得品嘗，佛法甘露味，

百倍信喜眼，專注佛智身。

成了一地菩薩也好，或者雖然沒有到一地，但已獲得了一種境界：雖然是凡夫，但對法忍深信不疑，在這個時候就完全能品嘗到，佛陀所宣說的空性與光明無二無別的境界。這種境界雖然已經品嘗到了，但就像啞巴吃糖一樣說不出來，也就是說，雖然不可言說的境界自己完全已經通達了，但通過語言和分別念來為他人指示卻非常困難。

已經完全品嘗到明空無二無別的境界的緣故，此時定能生起誠摯的信心與歡喜心。這時的歡喜心就不是我們有些人領生活費或買糖的那種歡喜，這種歡喜其實是一種假象，

只是「嘿嘿嘿」笑一笑而已，心裡還有一些不歡喜的狀態。而那個時候真正是發自內心的歡喜，因為已經摧毀了輪迴的根本，真正得到了超離生死流轉的境界。這時的信心也可謂至真至純。這樣的信喜可喻為雙目，但並非肉眼，而是指真正能照見一切萬法的慧眼。這種慧眼在佛的法身智當中始終都不會離開，它一直專注於佛的智慧身體，也就是說始終安住在法樂當中，即所謂的法喜充滿。通過學佛，有些人受益比較大，但這種受益並不是口頭上的功夫，而是通過自己的努力，佛陀在經典中所講到的智慧境界在心中有所領受。此時之信喜，則無法以世間一般的信心與歡喜來比擬，所以我們應發願得到這種境界。

在座的道友，既然大家已經學了這樣殊勝的佛法，那在學佛的道路當中就盡量不要退轉。《釋迦牟尼佛廣傳》中這樣講過，不退轉的唯一方法，就是要多念釋迦牟尼佛的名號。佛陀五百個大願當中，最重要的一個發願就是在菩提道中不退轉，可見這是本師的不共願力。所以，我們平時應該一心一意祈禱本師釋迦牟尼佛，這不僅不會在菩提道當中退轉，還能讓我們感受到佛法至高無上的殊勝境界。

於此諸正法，究竟歸等性，
得無說確信，說無盡法藏。

在那個時候，已經證悟了一切好與不好、快樂與痛

147

苦、高貴與貧賤等完全平等的境界，也就是說沒有任何分別，這樣的等性境界完全已經獲得。這時，所有的言說思維都無法描述，即得到了無說確信。此時，邪魔外道或具邪見者怎麼樣遮破也毫無辦法，即使所有的天、人、非人都想踐踏這種境界也無濟於事，因為一切諸法的實相已經圓滿證悟。

到達這種確信的時候，就會有取之不盡的善巧方便來宣說佛法，那個時候就不需要天天都閉著眼睛背書，這在寧瑪巴很多傳承上師的傳記當中都有記載。到那時全部都從智慧當中流露出來，根本不用費力，就像上師如意寶一樣，他老人家在晚年六七十歲的時候，所有教證理證都自然流露。上師晚年眼睛不好，大概十多年都沒辦法看書，但是他老人家年輕時背的教證理證，全部都能運用自如，很多人特別驚訝。包括學院中的很多堪布，每天都在背、都在看，但是在真正應用的時候就根本沒辦法比。所以很多堪布都說：「我們天天都看、天天都背，運用教證理證也不容易，而法王已經十多年沒有看一個字，但講經的時候全部都能倒背如流。」所以，到一定的時候它能從智慧當中自然而然流露出來，那時就可以為了利益無邊眾生而演說無盡法藏。這種境界，很多人通過自己的信心和傳承上師的加持，在因緣聚合的時候就能開啟。

第十一課

下面繼續講依智不依識。

精通二諦理，見二諦融義，

如為精除皮，知勤諸方便。

先應在善知識處聽聞有關勝義諦和世俗諦的教言，在完全明白二諦的本體、分類、概念等內容之後，還應親證二諦圓融無違的境界。所謂二諦圓融，就是《心經》所講的「色即是空，空即是色」，即顯現就是空性、空性就是顯現。當這樣的道理完全明白、通達的時候，就獲得了二諦雙運的境界。此時就會明白，就像為了得到果實而層層剝去外面細薄表皮一樣，佛陀所宣說的一切方便，歸根到底都要走向二諦圓融雙運。此時，所有的乘、道、方便都不存在，唯有法界實相全體呈現。此一理體，還有等性、現空雙運、究竟一乘等不同稱謂。

關於此理，《迦葉請問經》云：「迦葉，乘即唯一，若證諸法等性即是佛陀，彼亦唯一而非二三。」意思是說，唯有一乘而非二三，真正的佛陀唯是證悟諸法等性者；或者說，諸乘法實際上是一個本體，而非二乘三乘，乃至無數乘，了義佛尊也唯是現證諸法等性之智。《妙法蓮華經》

云：「無數諸法門，其實為一乘。」意思是說，雖

然佛陀針對不同根基的眾生宣說了無量無邊的法門，但實際上就是要通達究竟一乘。究竟一乘的道理，在《寶性論》、《中論》、《定解寶燈論》等論典中都有宣說，月稱論師在《入中論》亦云：「故佛為眾說，無等無別乘。」

因此大家一定要知道，世間所有乘實際上都是為了得到佛果，也就是為了通達現空雙運的究竟真理。可以說唯此乃真正精華，就像食用糧食是為了汲取它的精華營養一樣，一切法門都為了通達究竟一乘。所以大家一定要知道，所有修行都是為了通達二諦雙運，佛陀也是為了這個目的，才為眾生宣說了八萬四千法門。故二諦雙運乃八萬四千法門的最終歸結。

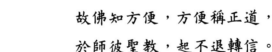

> 故佛知方便，方便稱正道，
> 於師彼聖教，起不退轉信。

大家知道，大慈大悲的佛陀相應不同眾生的根基、意樂、界性，宣說了無量無邊的法門，正是因為佛陀完全明白眾生狀況，所以才宣說了如此眾多的方便。而這所有方便，都是為了讓眾生通達一切萬法的真相，所以都稱為正道。

佛陀在《妙法蓮華經》中講了這樣一個比喻：一大長者家的房子起火了，父親為了讓耽著嬉樂的諸多幼子能出火宅，於是方便說外面有特別惹人喜愛的羊車、鹿車、牛車，於是孩子們競相而出，從而逃離了火宅。這

裡的羊車、鹿車、牛車，分別代表聲聞、緣覺、菩薩三乘，可見，所有方便都是眾生出離苦海的正道。所以大家千萬不能說，只有密宗的法才是正道，而顯宗的法不是正道，或只有菩薩乘才是正道，而聲聞緣覺乘則非正道，因為相應眾生根基的法都是正確的。比如說，有一位非常了不起的善知識，他攝受了各種各樣的弟子，每位弟子在他的教化下都得到了真實利益，那他是不是只用一種方法來教導所有的弟子呢？肯定不是，一定是逗機施教、量體裁衣，而所用方法也無不是善妙之法。這樣之後我們就能認識到，本師釋迦牟尼佛在整個世間是唯一的量士夫，其所宣說的佛法無一非是正道。

大家也知道，就像《釋迦牟尼佛廣傳．白蓮花論》所講的那樣，佛陀在多生累劫當中為了救度一切眾生，難行能行、難忍能忍，最後現前佛果成就圓滿悲智，所以我們一定要對佛陀產生不退轉的信心。正因為佛陀無餘淨除二障，其所宣說的佛法才會是初善、中善、末善的自性，所以，大家還要對讓眾生獲得快樂的佛法，生起不退轉的信心。

在座的各位，看看自己能不能生起這種信心？如果真正能生起，那所有的邪魔外道無論通過什麼樣的方法來引誘、欺騙你，你的心也根本不會跟隨他們。很多經論都講，這樣的信心非常重要。在現實生活中，有些人就是因為對佛和法生起了堅定不移的信心，所以無論在

遇到什麼樣的不幸和違緣，都不會人云亦云、隨波逐流。

一位大德在對佛的讚歎文中說：「我捨棄其他的導師唯一皈依您（佛陀），原因是什麼呢？就是因為您具足一切功德、遠離一切過患。」所以，如果大家能真正了知佛陀的功德和佛法的微妙，那就一定能生起這樣的信心。比如，雖然我不是這個產品的發明者，但是我對它的性能非常了解，知道它確實是非常好的商品。如果別人說這個產品是假冒偽劣，根本不會相信他的話。如果我對這個產品不是很了解，那很可能會相信他的話，至少也會產生懷疑。因此，大家一定要通過理性智慧的途徑，對佛及法生起永不退轉的信心。

當然，真正不退轉的信心唯聖者擁有，作為凡夫人，只能生起相似的不退轉信心。就我個人來講，證悟等功德倒沒有，但是對佛陀和佛法的信心，應該說在有生之年是不會退轉的。哪怕把我切成一塊一塊，這肯定很痛，但內心當中對別人所說的「佛是假的」，再怎麼樣也不會相信。因為自己對佛及法的信心並不是迷信，可以說已經品嘗到佛法的味道，所以才這樣堅信不疑。

我想，大家應通過聞思的途徑對本師釋迦牟尼佛及其佛法生起不退轉的正信，這對修行人來講非常重要。這一點，麥彭仁波切和全知無垢光尊者在相關論典中都一再強調，上師如意寶在講課的時候，對我們也強調得

特別多。法王如意寶對我們的恩德不可思議，如果他老人家沒有長期為弟眾宣講佛法，恐怕我們對很多道理都不一定會明白，因為在五濁惡世的今天，包括自己在內的很多人都不是利根者，這從見解和行為方面也看得出來。

古代的上師經常這樣講，見解要與教證理證相連，即見解應依教證理證來樹立；修行要與體會相連，因為沒有一定體會的修行並不是真正的修行；行為要與時間相連，比如初學者，外在的行為就應符合小乘別解脫要求，如果已經到了四大皆不能毀壞、貪嗔癡毫髮亦無的地步，那就應按照密宗的行為去行持。所以，大家的見解一定要與教證理證相連，這一點非常重要，否則，雖然你今天穿著出家人的衣服安住在聽法的行列中，但過一段時間很可能就會變成另一種模樣。

解義慧劍釋

　　　　得勝不住智，自解有寂邊，
　　　　無勤大悲心，遍及時空際。

證得不住任何邊的殊勝智慧者，自然而然解脫三有和寂滅的邊，就像《現觀莊嚴論》所講的那樣：「智不住三有，悲不滯涅槃。」因為以殊勝智慧徹底斷除輪迴根本的緣故，從此之後再也不會以業力轉入輪迴；因為具有圓滿大悲的緣故，從此以後再也不會像聲緣一樣耽著寂滅的境界。那個時候就會在不假勤作的境界中，對所有沒有證悟淨等無二或現空雙運境界的眾生生起強烈

的大悲心，而且這種大悲心並沒有時間和空間的限制。

　　現實生活中，很多人的悲心都有條件：正因為他與我關係比較好，所以當他受苦的時候我要對他生起悲心；如果是怨恨的敵人受苦，可能會覺得他活該⋯⋯這種悲心就非普遍，應該說只遍及個別眾生。而無作大悲心，是時時刻刻、乃至生生世世都沒有任何時空的限制。不過對凡夫人來講，這只成為發願的對境。我個人是這樣的，心情好的時候，覺得所有痛苦眾生都應幫助；而心情不好的時候，則不管是什麼樣的眾生，甚至包括與自己關係比較好的人都很討厭，對誰都生不起悲心。這樣的悲心非常令人慚愧，可以說它的範圍很小，只是在比較開心、各方面的因緣都具足的條件下才會產生；而心情不好的時候，或者天氣不好以及特別忙的時候，菩提心就很難發得出來。所以我們都應再再反省檢點自己。

戊三、宣說八辯才之果：

> 依擇二諦理，四理而深思，
> 作用四法依，無垢勝因中，
> 甚深智慧果，普照遍一切，
> 印持覺性界，八種辯才開。

　　大家都知道，所量是二諦，能量是四理。只要能依上述無誤抉擇二諦法理的四種道理反覆深入思維，就能

第十一課

通達彼之作用四法依。在如此殊勝的無垢正因中，也自然會產生甚深智慧之果，此果就像太陽一樣，能普照一切，也即普照印持在覺性界中的八種辯才。這就像燈芯、燈器、油等因緣具足的時候就會產生燈光，依此即可遣除黑暗一樣，依靠無誤抉擇二諦的四種道理及其作用四法依，眾生的相續中就能生起八種辯才。

其實，不管是人也好，或者是其他眾生，因為每一有情都有佛性的緣故，下面所講的八種辯才都可開啟。但是，很多眾生因為因緣還沒有成熟，所以八種辯才就一直在各自的覺性或如來藏中秘密保存著。如果完全遵循前面所講的，以四理抉擇二諦並依靠四依，即首先對佛法的道理完全明白、然後再實地修持，那以前沒有顯露的八種辯才自然而然就會開啟。

很多人說：「上師，您給我加持一下，讓我馬上開智慧。」其實，光是吹一口氣就馬上開智慧，這還是有一定的困難。如果真正想開智慧或獲得辯才，那就應勤奮努力學習前面所講的這些道理。眾所周知，世間有很多高僧大德或成就者，這包括學院中的部分法師和修行境界比較高的人，但他們的成就前面無不需要具足因緣。為什麼他們會有這樣的境界或成就呢？這是因為他們在因地或在求學、修學的時候，對這些法門就特別重視，最後內心非常隱蔽的奧秘才得以開發。但這樣的因緣很多人根本不明白、不信，即使我們給對佛教毫無信

解義慧劍釋

心的人講半天，他們也不一定能理解；如果真對佛法有信心，這樣的人知道這個因緣關係之後，就會努力，最後也能通達這些法理或得到這些境界，以此能對如來的教法生起不退轉的信心。

那八種辯才是哪八種呢？其實，在麥彭仁波切的《智者入門》當中八種辯才講得很詳細，這裡只給大家簡單介紹一下。在麥彭仁波切的傳記和祈禱文當中，都說他老人家已經獲得八種辯才，的確，很多傳承上師都已獲得這八種功德藏⑤。在《方廣大莊嚴經》（藏譯《廣大遊舞經》）中，這八種辯才也講得比較廣，大家可以參考。

先前聞思義，不忘正念藏。

在善知識面前聽聞顯密教法之後，對它們全部念念不忘、記得清清楚楚，這就是第一辯才。《方廣大莊嚴經》云：「念藏，無忘失故。」在傳承歷史當中，有些大德在求學的時候並不是很聰明，但後來只要學過的都能記住，這就是第一辯才正念藏。

彼彼深廣義，盡辨智慧藏。

聞思的對境包括在深廣二法當中，如果對此全部都能辨別、通達，這就是第二個辯才。《方廣大莊嚴經》中第二個辯才叫「慧藏」，謂「善能分別諸法相故」，也就是能夠善巧辨別一切諸法的相。當然這個相與剛才

⑤辯才也叫功德藏，八種辯才就是八種功德藏。

第十一課

所講的一樣，是指深廣之相。其實具有這樣功德的上師也比較多，比如麥彭仁波切，因為他所著的《中觀莊嚴論釋》就是闡釋深廣法門的殊勝論典，故可推知：如果他沒有通達這樣的法藏，那就不可能了達這樣的境界。

所有經續義，通達了悟藏。

第三個是了悟藏，也就是對顯宗的三藏十二部以及密宗的四大續部⑥全都通達無礙。我以前經常這樣想，法王如意寶可無誤宣說顯宗密宗的一切教法，確實已經通達了了悟藏。在《方廣大莊嚴經》中這叫「智藏」，謂「能了諸經義故」，也就是能明了諸經的意義。

無餘所聞義，不忘總持藏。

第四個藏叫總持藏，是指所聽聞的意義一點也不忘記。這裡的「總持」指陀羅尼，它包括忍陀羅尼、法陀羅尼、義陀羅尼和能加持密咒陀羅尼。如果以前聽聞過的，不管是法也好，或者說任何一件事情，全部都能記得清清楚楚，那就說明已經獲得了不忘總持藏。

有些人佛法方面的陀羅尼比較差，但世間法方面的陀羅尼卻非常好。我那天遇到一個老鄉，世間法方面的記性就相當好，他說：「那個時候是21歲的第三個月，我跟一些朋友住在某個地方，當時有這個人、那個人，他說了什麼話、我說了什麼話……」我算了一下，中間已經過了很多年，如果不是在吹牛，那他的記性確實非

⑥如果分開來講，大圓滿就有十七大續部，大幻化網也有十八大單札續。

常好，就好像得了世間的不忘陀羅尼一樣。但佛法方面卻不行，我問他：「你們最近聽什麼課？」他說：「某堪布給我們講《大圓滿前行》。」「《大圓滿前行》講到哪裡了？」但昨天的課他也不知道講到哪裡。可見佛法方面的陀羅尼沒有，因為昨天講的法今天就忘了。

總持陀羅尼在《方廣大莊嚴經》中叫「陀羅尼藏」，謂「所聞皆能持故」，當然藏譯和漢譯在某些地方還是存在一定差別，不過這非常正常。

大家也清楚，佛陀住世的時候宣說了很多法，很多大阿羅漢都獲得了不忘陀羅尼的緣故，他們全能記住，佛陀圓寂以後，他們就依此結集佛經，當然佛在生前就已作了開許。所以，那個時候就不需要我們現在所使用的錄音機、MP3、MP4，他們使用的是「不忘陀羅尼」，可見這非常重要。

但很多人都沒有不忘陀羅尼，早上四句話背得清清楚楚，吃早飯以後就全部吞下去了；又開始背，背完了以後沒多久又忘了。現在外面很多人，《佛子行》背完就忘了，自己也很傷心。跟外面的道友相比，學院道友背《佛子行》就特別輕鬆，可以說一點困難都沒有，可能背書也需要竅訣。外面有些人說：「我們已經背完了《佛子行》，什麼時候考試？」特別驕傲。而學院背三四部論典的道友從來都不驕傲，大家都覺得這是非常正常的事情，這也算是一種相似的不忘陀羅尼。

善說令眾生，滿足辯才藏。

第五個叫辯才藏，也就是說，此人所說的符合實際道理的教言，能令許多眾生生起歡喜心，即讓很多眾生都心滿意足。有些上師傳授佛法以後，大家心裡都有不同受益，很歡喜、也很滿意，這就是辯才陀羅尼。在《方廣大莊嚴經》中這叫「辯藏」，謂「能發眾生歡喜心故」，即眾生通過他的語言確實能生起歡喜。

當然，這種歡喜是在法義上的法喜充滿，並不是世間上今天舞跳得很好，大家都讚歎、鼓掌，自己也很高興。這種歡喜指內心真正的收穫，即對佛教符合實際的道理真正生起定解。比如我們講煩惱過失的時候，說貪心和嗔心的過失，大家從內心當中都認為貪嗔煩惱的確有這個過失；講解脫功德的時候，大家都認為從三界輪迴當中逃脫出來確實有這個功德，諸如此類讓眾生對符合實際真理的善說生起歡喜心，就是第五辯才。

妙法大寶庫，普護正法藏。

第六是指護持正法。正法是指從內心當中對釋迦牟尼佛所宣講的佛法生起正見或信心等證法，以及三藏十二部等教法。對這樣的佛法，有些人真的願意護持、弘揚，寧捨生命也願保護珍貴的佛法如意寶，這就是正法藏。在《方廣大莊嚴經》中這叫「得正法藏」，謂「守護佛法故」。

解義慧劍釋

三寶之種族，不斷覺心藏。

第七個叫覺心藏或菩提心藏，意思是三寶的種族不間斷，實際上就是繼承如來家業。如來傳下來的，不管是菩提心也好、智慧也好，或者是善心，這些佛陀相續中的功德在眾生心中一點一滴傳下去，就叫繼承如來遺教。然後是受持正法，最後是培養僧眾或保護僧眾。其實這都是繼承三寶的種性，不間斷三寶的種性就叫做菩提心藏。《方廣大莊嚴經》云：「菩提心藏，不斷三寶種故。」

的確，像高僧大德那樣的菩提心藏，我們很難擁有，但比較相似的菩提心藏很多道友都具足。為什麼這麼講呢？因為我們心裡的智慧、出離心等功德，其實就是如來和傳承上師一直傳下來的，而且我們每天都在受持正法，對僧眾也有恭敬心，自己還守持居士以上的戒律，這就是不間斷三寶種性。我有時候這樣想，在末法時代的時候，我們能在像螞蟻那樣的人群當中獲得這樣的珍寶人身，真的非常榮幸。所以大家應該心生歡喜，還應發願在有生之年盡心盡力為三寶做一點事情。自己內心經常有這樣一種發願的話，那行為也會跟著內心轉，這樣就有很大意義。

無生等法性，得忍修行藏。

第八個叫修行藏，也就是說對空性等不可思議的法門完全能接受，或通過修行完全現前這樣的境界。那什

麼叫得法忍呢？就是在聽到萬法皆空等深廣教義之後，不會像劣根者或小乘根基者那樣，馬上就生起恐怖心。對諸如一切都遠離戲論，以及佛陀高深莫測的境界都能接受，這就是法忍，也叫修行藏。當然，究竟的無生法忍必須現證萬法實相。《方廣大莊嚴經》云：「修行藏，得無生法忍故。」

對法忍以前也分析過，一般來講，具有大乘種性的人在聽到空性等不可思議的境界時，不會生起邪見，也不會起懷疑，他會覺得：「如來的行境不可思議，一切萬法的秘密無法言說，佛陀既然這樣說，那我這樣的劣根者還有什麼妄加辨別的權力和能力呢？佛陀怎麼樣說都千真萬確。」如果生起這樣的信解，這就是一種法忍，得到這種辯才也很重要。

當然，真正的八種辯才或八種功德藏，只有在獲得一地菩薩以上的聖者果位時才能生起，但現在有些修行人，相似的境界也可以得到。而有關論典也經常講到八種辯才，所以大家從理論上一定要了解。

解義慧劍釋

第十二課

下面講八辯才果之結尾：

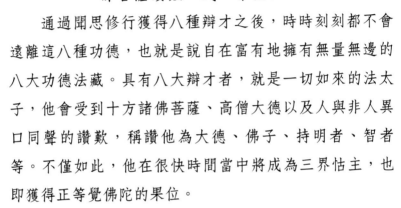

自在富不離，無盡八大藏，
佛菩薩讚歎，成三界怙主。

通過聞思修行獲得八種辯才之後，時時刻刻都不會遠離這八種功德，也就是說自在富有地擁有無量無邊的八大功德法藏。具有八大辯才者，就是一切如來的法太子，他會受到十方諸佛菩薩、高僧大德以及人與非人異口同聲的讚歎，稱讚他為大德、佛子、持明者、智者等。不僅如此，他在很快時間當中將成為三界怙主，也即獲得正等覺佛陀的果位。

作為修行人，大家應該懂得獲得八種辯才的方便方法，其實前面已經講了，也就是依靠四理和四依。當然，想真正獲得八大辯才並不容易，即不可能一蹴而就。但是，對獲得它的因，我們一定要認真去做，這樣就會變成好修行人。在末法時代，能成為一個如理如法的修行人，這也希有難得。比如在座的各位，不管是法師也好，或者是普通的修行人，從行為、智慧、利他心等方面反覆觀察，都非常值得隨喜。雖然人和人在表面上並沒有多大的差別，但實際上在根基、修證等方面還是有很大差距。獲得真正的八大功德藏雖不容易，但修

行人最起碼的人格一定要具備，在此基礎上，發心和行為要盡量往利他方面發展，這樣的話，此人也是諸佛菩薩以及人與非人之所讚對境。

其實，得不到八辯才的主要違緣就是我執，當然這無始以來的執著，也是修行的最大障礙。所以我們應像噶當派的大德那樣，用一切修行之力徹底滅除自私自利之心。實際上，人們特別執著的貪心、嗔心的對境就像昨晚的夢一樣，根本沒有任何實義。前段時間有一位佛教徒寫了一首歌，說是：「太陽星星掛在天空，月亮倒映水中，童年的夢，遙遠的朦朧，沒有一個永遠不變的地方……」我覺得有些內容還可以。的確，很多執著都是童年的夢，毫無實義。因此，大家在修行過程當中一定要放下執著，並盡心盡力行持利他，這樣修行就會成功。

丙三、宣說如此衡量之果：

前面已經講了所量的二諦和能量的二理，只要能以觀察勝義量和觀察世俗量二理來抉擇二諦，那我們都將獲得不欺之果。

> 量因佛陀語，依量成立故，
> 量道生定解，見量語諦果。

堪為正量的就是佛陀的語言，即佛經乃為正量。這是怎麼成立的呢？以觀察世俗量和觀察勝義量來成立。

前面則講，釋迦牟尼佛所說的教言或教典沒有任何虛妄，這是以符合實際道理的比量來確定的。但這兩者並不衝突，角度不同之故。有人認為，佛陀所說皆為正量的說法只是一種虛妄假說，其實並不是這樣。當然，這是他們不懂佛陀的功德的原因導致的，其實佛語即是正量，誰也沒辦法駁斥。

陳那論師云：「敬禮定量欲利生，大師善逝救護者。」此句讚歎佛陀具有利他心，以及佛陀成為量士夫等功德。龍猛菩薩云：「我稽首禮佛，諸說中第一。」這是說，佛陀所說的語言是世間一切語言中的第一，誰也沒辦法比得上。世間理自在法稱論師在《釋量論.成量品》中，就以名言觀察量，詳細闡述了佛陀成為量士夫之理；佛陀親自授記的龍猛菩薩則在有關論典中，詳細述了佛陀所講空性之理，即以勝義理證讓後學通達萬法空性；獲得第三地的無著菩薩在有關論典中，對佛陀所講的五道十地等廣大方面的教言講得極為透徹。如果能深入這些名言與勝義的法，或者說踏入觀察二諦的理證渠道，那我們就會堅信佛是量士夫、其語的確為正量。若不被他轉、不為他奪的信心與定解真正從內心深處生起，我們就是名副其實的佛教徒。這個時候就能現見量的果，完全能現見包括天界在內的世間智者和聲聞緣覺的智慧來衡量也難以通達的真理，在那個時候，一切邪魔外道及所有邪念分別網，都沒辦法摧毀這種境界。

尊者摩咥里制吒在《一百五十讚佛頌》中說：「世雄真實教，邪宗聞悉驚，魔王懷惱心，人天生勝喜。」意思是說，世間的雄獅——無等大師釋迦牟尼佛所說的真實教言，任何一個邪宗聽到之後都會心生恐懼，魔王波旬也會心生惱害，而人天善緣者卻會從內心深處生起殊勝的歡喜。所以大家對佛及法應生起真正的信心，就像麥彭仁波切在《定解寶燈論》中所講的那樣——生起隨法的信心，這非常重要。

世間有很多知名人士，如明星、歌星以及國家領導等，他們能受到很多人的崇拜與恭敬，但真正遠離一切過患、具足一切功德，尤其能為眾生宣說解脫道的，唯有我等大師釋迦牟尼佛。這一點，不管是老年人還是年輕人，只要好好學習佛教的教理就會明白。

現在無數人都喜歡歌星，但聽他們的歌對今生來世到底有什麼利益呢？只不過暫時迷醉而已。而佛陀的語言並不是這樣，它對一切眾生的今生來世都有真實的利益。所以我們應唯依佛陀及其聖教，此乃一切利樂的源泉。

解義慧劍釋

乙三（末善結尾之義）分二：一、造論方式；二、迴向此善。

丙一、造論方式：

所見極清淨，大悲臻究竟，

　　善逝示道言，我得甘露味，

　　願依四道理，四依得品嘗。

　　佛陀具足兩方面的功德：一是所見極清淨，即在佛陀智慧面前，世間萬物的真相全都能瞭如指掌；二是大悲臻究竟，即對世間沒有通達諸法實相的眾生生起周遍的大悲心。法稱論師在《釋量論》宣說佛陀功德的時候，也從這兩方面作了讚歎。凡夫人由於眼翳的原因，其所見並不清淨，悲心也有條件和界限的局限，所以不能周遍，而佛陀與之恰恰相反。

　　《釋量論》云：「由悲故善說，由智而諦說。」意思是說，佛陀以智慧完全通達一切諸法，所以能宣說勝義與名言的真相；佛的悲心已達究竟圓滿，故能為一切苦惱眾生宣講解脫之最勝方便——佛陀親證的深廣法道。佛陀在成道時說：「深寂離戲光明無為法，猶如甘露法性吾已得。」這樣殊勝的甘露我們應以什麼樣的方式來獲得呢？其實佛陀在眾多經論中早就三番五次地說過，要以四種道理和四種依止的途徑來獲得。

　　大家一定要留心，雖然本論只有104個頌詞，但裡面蘊含了極為殊勝的眾多竅訣，其中極為關鍵的一個竅訣就是：我們應以四種道理和四種依止的方法，來獲得佛陀和高僧大德所證悟的猶如甘露般的法味。如果沒有這種方法，除了前世有緣的極個別利根者外，一般根基的

眾生都很難獲得。所以現在很多修行人都在盲修瞎煉，這非常可憐。

> 分享此甘露，然於此濁世，
> 由反其道致，難嘗法妙味，
> 見此以淨意，最敬教心著。

應該說，這樣的醍醐美味——甘露妙法，各方面條件聚合的時候，每個眾生都可以分享。因為每個眾生都具有如來藏，而且佛陀對所有眾生都平等宣說，也希望大家都能如實證得，但是，自己能否真正獲得，還有緣分的差別。比如，我今天給所有人都講了麥彭仁波切的甘露教法，但是不是每一個人都能獲得非常大的收穫呢？不一定。有些人有信心、有善根、有希求心，對他來講，通過這次學習，對終生乃至生生世世都會帶來無盡的利益。然而，有個別人不但生不起信心反而生邪見，那要想得到利益就不可能。所以，雖然佛陀是平等的，眾生的本性也是平等的，但眾生的緣分不相同的緣故，所獲得的利益也不相同。

尤其是現在值遇末法，五濁非常猖狂，在這樣惡劣的時代，雖然佛陀已宣說了如甘露般的妙法，但是很多人都與之背道而馳，並沒有依靠四理和四依來希求佛法甘露。既然沒有這樣做，那這種因緣聚合的果就不可能得到，因此很多人很難品嘗到佛法的真理。這一點不僅是現在，就是佛陀涅槃不久也有這樣的情況，世親論師

在《俱舍論》中說：世間明目已閉——本師已經示現圓寂，堪為正法見證人的聖者阿羅漢，像目犍連、舍利子等，大多已銷聲匿跡，即入於寂滅，而沒有見真諦的放肆者卻依靠邪分別來擾亂佛教。

被譽為第二大佛陀的世親論師等高僧大德在世的時候都這樣，那何況現在這個時代？正如佛在《楞嚴經》等經典中所講的那樣，末法時代「邪師說法，如恆河沙」。確實，所說符合實際教理的上師，就像白天的星星那樣稀少，而說邪道分別的人卻非常多。在這個時候，許多人自然不能品嘗到量士夫佛陀所宣講的二理所成的醍醐美味，也就是說上面所講的真理根本不能通達，這非常可惜。

麥彭仁波切見到末法時代的情況之後，心中自然而然對這些可憐眾生生起了非常清淨的利益意樂：看到現在這個時代的很多人根本不懂佛陀是量士夫，以及佛教的真理必須依四理和四依來生起正信的道理，自己生起了不可遏制的大悲心。在此基礎上，以對佛法如意寶非常誠摯恭敬的心撰著了《解義慧劍》。麥彭仁波切作《解義慧劍》的心情應該是這樣的：一方面對可憐的眾生生起深深憐憫之心，另一方面對佛法如意寶生起極為難得的恭敬、敬仰之情。

這次學習大家也應該有這樣的心情，於我而言，確實有這種心情，因為現在很多人都顛倒了四依。面對本

論所闡如此精闢的道理，我在翻譯的過程中就這樣想：這個論要趕快翻譯出來並早一點講，不敢說它能對所有人都帶來利益，但對極少數人一定會起一點作用。因為，現在很多人都不依四依，可以說這種現象極為普遍，故對這些眾生生起一種相似的悲心。再加上自己對佛法如意寶也有一種恭敬之心，覺得這非常珍貴，以此我才作了翻譯。雖然不敢說無有勤作，但也有這樣一種分別念。我想在座各位也應以恭敬心來聽受，以後如果有因緣，應將此法寶弘揚到世間當中去。這樣的話，依靠麥彭仁波切如此殊勝的論典，一定會對許多人帶來無窮的利益。

丙二、迴向此善：

> 願此思所生，無垢慧生理，
>
> 略說之善根，眾成文殊果。

前面所講的，能在善緣者的相續中生起的思所生慧並沒有任何錯誤垢染，從發心上講也極為清淨。而一般的世間人著論就不是這樣了，他們有自私自利或名聞利養的心。現在有些人，不管是翻譯也好、寫作也好，雖然書很多，但都各懷私心。在短暫的人生當中，有些人為了搞名聲，有些人為了搞錢財……但麥彭仁波切並不是這樣。不僅如此，作者於此宣說的思所生慧所生的無垢智慧，即《解義慧劍》所宣說的道理，也毫無錯誤可言。

「略說之善根，眾成文殊果。」「略說」是指本論文字不多，篇幅極為簡短。但它卻涵蓋了浩瀚無邊的顯密經論與續部，雖然表面上看來只有104個頌詞，但它囊括所有佛陀教法。作者在此將善根迴向，願一切眾生都獲得利益——成就文殊師利菩薩的果位。

不說成就文殊師利的果位，即使聽到文殊菩薩的名號也有不可思議的功德，這在講《入行論》的時候已講過，我寫的藏文《五台山志》中，也講了一些聽到文殊菩薩名號的功德以及念文殊心咒的功德。

前一段時間網上有一個居士問，說：「您講了那麼多文殊菩薩的功德，那所有人都只學文殊法而不學其他法怎麼辦？這個後果您怎麼負責？」後來我說：「這倒不一定，雖然文殊菩薩的功德非常大，但是因為眾生的根基不同，不可能所有眾生都只學文殊法。」我還講了一個比喻，比如從世間正規工廠生產出了三菱車，打廣告的人都說三菱車如何如何好，那是不是所有人都只會買三菱車呢？不可能。雖然他的廣告很真實、車也很好，但有的人就不願意買，他要買另外一種車。同樣的道理，人的根基不相同，有些人對文殊菩薩起信心，有些人對觀音菩薩起信心……況且我並沒有唯獨讚歎文殊菩薩，觀音菩薩在內的眾多諸佛菩薩我都在讚歎。眾生的根基不同，即使只讚歎一尊佛的功德，那也不用擔心其他佛就沒有所度化的眾生了。在沒有聞思的時候，這

方面擔心可能比較多，但我覺得這沒有必要。

關於麥彭仁波切，我們也知道，很多論典都說他就是文殊菩薩的再現，這也為人們所共稱。但在顯現上，他所著的很多論典的結尾，經常願眾生獲得文殊菩薩的果位，在頂禮句也經常頂禮本尊文殊菩薩。看過麥彭仁波切傳記的人都知道，他生生世世與文殊菩薩有不共的因緣，因此在他老人家所著的論典當中就經常讚歎文殊菩薩。我們上師如意寶也是同樣，一個是對文殊菩薩讚歎比較多，迴向的時候也經常願眾生獲得文殊菩薩的果位，另外上師如意寶對麥彭仁波切的讚歎也相當多。

解義慧劍釋

甲三、圓滿末義：

> 蒙文殊語日，心蓮以信啟，
> 溢此善說蜜，願善緣蜂喜。

其實，《解義慧劍》是作者受到文殊菩薩的加持之後才造的，他將加持比喻成璀璨的日輪，說自己心的蓮花依靠日輪的璀璨光芒才得以開啟。當然這必須以三種信心來引發。因為，沒有陽光，蓮花就不能開啟，而加持的明媚陽光必須依三種信心來引發，這樣心蓮才能競相綻放，才有證悟的機會。

如果具足這樣的因緣，一個是文殊菩薩的加持，一個是三種信心，那從心蓮當中自然而然就可以流露出很多善說，上面所講的這些善說，或善妙語言的花汁就可

以湧現出來。這個時候，所有的善緣者——前世今生與大乘佛法具有殊勝因緣的蜜蜂，自然而然都會歡喜而來。

麥彭仁波切在這裡以形象化的比喻和擬人的手法說明：誰獲得了文殊菩薩的加持，誰就會自然而然開悟心的奧秘或心的本性，那個時候，此人就能說出許許多多利益眾生的善妙語言。如果說出善妙的教理，那有緣弟子就會蜂擁而至，自然而然歡聚在你的身邊。在世間，這就像陽光出現的時候蓮花就會開啟，而蓮花開啟的時候花蕊裡的花汁就會產生，那個時候十方的蜜蜂自然而然都會歡欣而來。

此比喻說明，後學者應對文殊菩薩生起虔誠的信心並再再祈禱，長此以往，文殊菩薩的加持就會融入自己的心，這樣就能開啟智慧，之後就能無礙闡演無盡佛法。那時就不用天天都苦苦背誦，就像上師如意寶那樣不用背誦，也不用看書，每天都安住修行，而一旦講經說法或做事情的時候，承蒙文殊菩薩的加持，智慧全部自然而然流露出來。上師如意寶的道歌也講，不用特別勤作，也不用特別苦修，只直視分別念，到時候智慧的伏藏自然而然就會流露出來。到這個時候，利益眾生就沒有任何困難，所以沒有必要——「你可不可以到我寺院裡去，我給你講法。」來一個弟子就高興得不得了，準備第二天轉法輪；但第二天這個弟子卻跑了，於是又

特別傷心。如果你真的已經開啟智慧，宣講佛法的善妙因緣也具足，那十方的弟子自然而然就會歡聚。

所以，我們上師如意寶在世的時候，根本不怕沒有弟子，反而大家都說人太多了，這就是文殊菩薩和傳承上師的加持。但別的一些道場並不是這樣，包括現在藏地的很多寺院，在七八十年代時，有的寺院人還比較多，法師也天天講經說法，但慢慢慢慢人就越來越少了。

對在座的法師來講，祈禱文殊菩薩非常重要。當然，自己本尊是哪一個都沒有什麼差別。但我覺得，自己的記性以及善惡取捨等方面的功德要得以增上，都離不開智慧本尊文殊菩薩的加持。因此，大家要多念「嗡阿屙巴扎納德」。

此《解義慧劍》，我本有書寫之意，近日承蒙智者淨意幢（拉色丹畢嘉村）勸請，而於護地年三月二十九一日內，文殊歡喜（麥彭仁波切）撰寫，願吉祥！共有一百零四頌，善哉！

我經常這樣想，麥彭仁波切都承認他是智者的話，那他肯定很了不起。雖然在麥彭仁波切的傳記當中，拉色丹畢嘉村並不是特別大的弟子，但麥彭仁波切承認他為智者，他一定具有相當的功德。這就是《解義慧劍論釋.普照佛教之日》的作者。

173

釋者在《解義慧劍論釋.普照佛教之日》中說，本來麥彭仁波切早就有為利益眾生而造這部論典的意圖和打算，後因我等恭敬祈請（智者自己造論的因緣是：遵文殊上師之吩咐——於此理寫一略釋），麥彭仁波切才給我們造了這部論典。

「一日內」？我們學習好要花多少時間，而麥彭仁波切造這部論典，是在一日當中完成。

《解義慧劍》全部給大家講完了，我心裡非常高興，因為這部論典雖然只有104個頌詞，但實際上，它是一切欲品佛教深廣教法甘露者不可或缺的智慧之光。希望大家以後能經常看一看，裡面講的道理千萬不要忘，這對今生來世都會有非常大的利益，因為麥彭仁波切這個教言相當殊勝，這一點很多道友都應有所了解。

至此，《解義慧劍》已圓滿傳講完畢！以此功德，祈願十方一切高僧大德長久住世、佛法越來越興盛，也為天下無邊的老母有情獲得暫時與究竟的安樂而迴向。

第十二課

《解義慧劍釋》思考題

第一課

1. 解釋論名：解義慧劍

2. 什麼是二諦？真正的大乘修行人是如何理解二諦的？

3. 學習了作用理和觀待理之後，你對業因果有了更深的認識嗎？

第二課

4. 什麼是「處」與「非處」？宣說二者的必要是什麼？

5. 什麼是法爾理？請舉例說明簡單的法爾理和深奧的法爾理。

第三課

6. 請從勝義空性的角度宣說勝義法爾。

7. 到達法爾理是否需要尋覓其他的道理？為什麼？請談談自己的想法。

8. 什麼是證成理？怎樣從現量、比量來了知實相與現相。

9. 現量有幾種？如果沒有會有什麼過失？請具體解釋前兩種及不容有的過失。

第四課

10.什麼是瑜伽現量？如果沒有，會有什麼過失？

11.什麼是自證？請解釋自證現量及不容有的過失。

12.我們是以什麼樣的有境來緣取義共相的？這樣的有境有什麼重要性？如果不存在，會有什麼過失？請談談自己的想法。

第五課

13.請解釋法稱論師在《釋量論》中所說「宗法彼分遍，是因彼為三」的含義。並請詳細說明三相如何成立。

14.所有比量的推理，包括在哪三種因當中？並請具體說明如何分類。

15.解釋頌詞：「名言亦有二，實現符不符。依於清淨見，不淨觀現世。二種名言量，如天及人眼。」

第六課

16.請分別從本體、因、果、作用四個方面，分析兩種名言量的差別。

17.有人說：「根本不應該分量和非量。」這種說法合理嗎？為什麼？

18.有些人認為：「在勝義中分析時，現量和比量都不成立，所以你安立量和非量沒有用。」對此，你如何駁斥？

第七課

19.有些人認為:「按照應成派的觀點,不需要分析量和非量的差別,僅按照世間人共稱就可趨入勝義諦。」這種說法對嗎?為什麼?

20.假設沒有二種名言量與二種勝義量,分別會有什麼過失?請以比喻說明二諦是什麼樣的關係?

21.中觀四部境界是怎樣的?並請說明離戲與等性二者細微的差別。

22.如果已經獲得顯密教法,怎樣才能做到「莫令空無果」?

23.通過什麼樣的途徑,才會對四法依產生定解?並請簡略說明為什麼有些人會使四法依成為顛倒?

第八課

24.什麼才是真正的「依法不依人」?請以教證、理證、比喻詳細說明,並請談談自己的感想。

25.請詳細說明「依義不依句」具有什麼樣的功德?反之又會有什麼樣的過患?

第九課

26.了義、不了義之間的區別在哪裡?佛陀為何宣講「不了義」法?

27.名詞解釋:秘密、意趣

28.請分別舉例詳細說明,四種秘密、四種意趣是什麼?

29.通過什麼樣的途徑,才能證悟我們前譯自宗寧瑪巴的大法?並請說明六邊四理是哪些?

30.通過什麼樣的途徑,可使自己成為教法、證法的弘揚者,或如來教法的繼承者?

第十課

31.名詞解釋:依智不依識、八辯才

32.解釋頌詞:「然依真聖教,破諸邊之理,上師竅訣力,如得目自見。」

33.智慧的法與心識的法應如何區分?請說明應依智慧而不依心識的理由。

34.佛菩薩的智慧是怎樣的一種行境?凡夫為什麼得不到這樣的境界?依靠什麼方式凡夫最終也能獲得?得到後會有什麼樣的相?

第十一課

35.解釋頌詞:「得勝不住智,自解有寂邊,無勤大悲心,遍及時空際。依擇二諦理,四理而深思,作用四法依,無垢勝因中。甚深智慧果,普照遍一切,印持覺性界,八種辯才開。」

36.佛說的八萬四千法門為何終歸為一乘?既然諸乘

《解義慧劍釋》思考題

是方便，為何又稱為「正道」？

37.我們通過什麼方式，可以對佛生起不退轉的信心？

38.如何獲得八種辯才？獲得後會有什麼樣的相？

第十二課

39.通過二理或四理衡量二諦之後，會產生怎樣的果？

40.全知麥彭仁波切是以何方式造本論的？

41.請結合本論的科判，談談如何方能使自他相續的無上智慧現前？

42.解釋頌詞：「量因佛陀語，依量成立故。量道生定解，見量語諦果。」

解義慧劍釋

蓮花塔

菩提塔

轉法輪塔

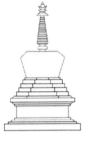

神變塔

八大佛塔

天降塔

和合塔

尊勝塔

涅槃塔

《解義慧劍釋》思考題

180